银行业信息化丛书

商业银行IT敏捷转型

孟茜 姚丹 王铿 等编著

The IT Agile Transformation of
Commercial Banks

图书在版编目（CIP）数据

商业银行 IT 敏捷转型 / 孟茜等编著 . —北京：机械工业出版社，2022.8
（银行业信息化丛书）
ISBN 978-7-111-71950-2

I. ①商… II. ①孟… III. ①商业银行 – 银行改革 – 研究 IV. ① F830.33

中国版本图书馆 CIP 数据核字（2022）第 205124 号

　　本书对当前商业银行 IT 敏捷转型的经验和成果进行了全面系统的总结和分析，从商业银行面临的挑战和敏捷开发方法入手，剖析了商业银行 IT 敏捷转型的策略选择，研究了敏捷转型的工程管理方法，阐述了敏捷转型的工程实践和管理实践的做法及人才保障的措施，提出了敏捷转型的方法论及转型目标，探讨了组织级敏捷转型及转型过程中的风险和合规管控工作及敏捷文化构建的途径，分享了敏捷转型的案例，并就敏捷转型的发展趋势及相关课题，基于实践经验进行了深入的研究和探索。

商业银行 IT 敏捷转型

出版发行：	机械工业出版社（北京市西城区百万庄大街 22 号　邮政编码：100037）		
责任编辑：	杨熙越	责任校对：	龚思文　张　薇
印　　刷：	三河市国英印务有限公司	版　　次：	2023 年 2 月第 1 版第 1 次印刷
开　　本：	185mm×260mm　1/16	印　　张：	13.25
书　　号：	ISBN 978-7-111-71950-2	定　　价：	89.00 元

客服电话：（010）88361066　68326294

版权所有 • 侵权必究
封底无防伪标均为盗版

前言

随着新一轮科技革命和产业变革兴起，全球的社会形态、商业生态和客户行为发生了深刻变化，人类社会已经迈入以开放共享、生态多元、广泛智能为特征的数字化时代。银行业作为面向金融客户服务的强规模效应行业，顺应时代浪潮，快速转型变革，巩固和培育竞争优势，打造敏捷银行，实现高质量、高水平增长，已是大势所趋，与此相匹配的商业银行IT敏捷转型，已成为刻不容缓的核心课题。

商业银行IT敏捷转型，始于敏捷开发，又高于敏捷开发，是一个系统性工程，也是支撑敏捷银行建设的"四梁八柱"之一，包括敏捷转型的策略选择、工程方法、管理模式、人才保障和文化建设，涉及软件工程的需求管理、技术管理、项目管理、质量控制和质量保证，以及工程管理的自动化测试、自动化部署、持续集成、架构演进及微服务、安全内建、工具与平台选择等方面。在此过程中，由于各商业银行的基础条件和资源禀赋不同，少有成熟的理论和实践案例可供参考。国内金融业迫切需要能够指导IT敏捷转型的书，以填补相关空白。

本书对当前商业银行IT敏捷转型的经验和成果进行了全面系统的总结与分析，从商业银行面临的挑战和敏捷开发方法入手，剖析了商业银行IT敏捷转型的策略选择，研究了敏捷转型的工程管理方法，阐述了敏捷转型的工程实践和管理实践的做法及人才保障的措施，提出了敏捷转型的方法论及转型目标，探讨了组织级敏捷转型及转型过程中的风险和合规管控、敏捷文化构建的途径，分享了敏捷转型的案例，并就敏捷转型的发展趋势及相关课题，基于实践经验进行了深入研究和探索。

本书由时任中国银行软件中心总经理孟茜、副总经理姚丹、副总经理王铿负责全书的编写组织及指导，并对各章节进行审阅，主任工程师刘述忠负责全书统稿与指导工作，中国银行软件中心的冯斌、于洪奎、付大亮、白雪、韩琪、农倩倩、张明子、胡文意、茅雪涛、汤泽宁、王一平、张合枰、周起文、范书宁、王丽静、黄凯、安海亭、张本震、陈镔、张新、周永生、聂朝飞、冯波、刘佳、王伟镜、郭健、柴浩然、周建国、王坤等高级技术人员、业务骨干承担了大量的资料收集整理、初稿编写、审核修改等工作。

由于写作时间仓促，书中难免存在有待商榷之处，敬请广大读者批评指正。

目录

前言

第1章 概述 / 1

    1.1 数字化时代的挑战 / 1

    1.2 商业银行的转型与应对 / 2

        1.2.1 Capital One 银行的敏捷转型 / 2

        1.2.2 ING 银行的敏捷转型 / 2

    1.3 商业银行敏捷转型的现状 / 3

        1.3.1 国内商业银行敏捷转型的挑战 / 3

        1.3.2 敏捷和 DevOps 在国内银行业的应用 / 4

    1.4 敏捷和 DevOps 的发展趋势 / 5

第2章 当前主流软件开发方法 / 7

    2.1 瀑布方法与 V 模型 / 7

    2.2 敏捷开发溯源 / 11

        2.2.1 《敏捷软件开发宣言》的诞生 / 11

        2.2.2 敏捷在全球的发展 / 13

        2.2.3 敏捷在我国的发展 / 13

    2.3 精益与软件开发 / 14

        2.3.1 丰田生产方式与精益思想 / 14

        2.3.2 精益大发展 / 16

2.3.3 精益软件开发 / 17

2.4 DevOps 的兴起 / 19
2.4.1 DevOps 的由来 / 19
2.4.2 DevOps 大发展 / 20
2.4.3 DevOps 在我国的发展 / 21

2.5 对不同软件开发方法的思考 / 22

第 3 章 商业银行敏捷转型的策略 / 24

3.1 管理学变革模型的启发 / 24
3.1.1 勒温变革模型 / 25
3.1.2 科特组织变革模型 / 26
3.1.3 其他变革模型及思考 / 27

3.2 组织变革方法的策略 / 28

3.3 商业银行的敏捷转型 / 29
3.3.1 敏捷转型中的两条线 / 30
3.3.2 敏捷转型中的三个阶段 / 31
3.3.3 科技与业务融合 / 32
3.3.4 敏捷转型的目标 / 33

第 4 章 敏捷转型的工程管理 / 34

4.1 项目管理过程 / 34
4.1.1 敏捷项目启动过程 / 34
4.1.2 敏捷项目规划过程 / 37
4.1.3 敏捷项目执行过程 / 39
4.1.4 敏捷项目监控过程 / 39
4.1.5 敏捷项目收尾过程 / 41

4.2 技术与需求管理 / 42
4.2.1 敏捷开发的需求管理 / 42
4.2.2 敏捷开发的分析设计 / 44
4.2.3 快速迭代的开发节奏 / 48

4.2.4　敏捷开发的代码复查　/ 50

4.2.5　敏捷开发的技术评审　/ 51

4.3　质量控制与保证　/ 52

4.3.1　质量组织、角色的敏捷转型　/ 53

4.3.2　质量控制框架的敏捷转型　/ 56

4.3.3　自动化体系的形成　/ 57

第 5 章　敏捷转型的工程实践　/ 59

5.1　精益需求管理　/ 59

5.1.1　精益需求的意义　/ 59

5.1.2　需求探索阶段　/ 61

5.1.3　需求实现阶段　/ 62

5.1.4　持续反馈阶段　/ 62

5.2　主干开发　/ 64

5.2.1　主干开发实践　/ 64

5.2.2　特性开关　/ 66

5.3　自动化测试　/ 68

5.3.1　自动化测试理念　/ 68

5.3.2　自动化测试管理　/ 69

5.3.3　自动化测试工具　/ 70

5.3.4　TDD 与 BDD　/ 71

5.4　自动化部署　/ 72

5.4.1　部署活动　/ 72

5.4.2　部署流水线　/ 72

5.4.3　商业银行自动化部署流水线实例　/ 74

5.5　持续集成　/ 74

5.5.1　持续集成介绍　/ 74

5.5.2　持续集成建设关键点　/ 76

5.5.3　持续集成实践　/ 79

5.6　架构演进与微服务　/ 85

5.6.1　架构演进简史　/ 86

5.6.2　演进式架构 / 92

　　　5.6.3　技术债务与重构 / 94

　　　5.6.4　云、容器和微服务 / 95

5.7　安全内建 / 99

　　　5.7.1　安全代码审计 / 99

　　　5.7.2　静态分析安全测试 / 100

　　　5.7.3　动态应用程序安全测试 / 101

　　　5.7.4　黑白盒结合安全测试 / 102

5.8　工具与平台建设 / 103

　　　5.8.1　选型原则 / 104

　　　5.8.2　工具与平台建设实践 / 106

第6章　敏捷转型的管理实践 / 110

6.1　引入敏捷外部咨询服务 / 110

　　　6.1.1　引入外部咨询服务的作用 / 110

　　　6.1.2　选择合适的外部咨询公司 / 112

　　　6.1.3　与外部咨询公司的合作 / 113

6.2　试点团队 / 114

　　　6.2.1　试点的意义 / 114

　　　6.2.2　试点团队的选择 / 115

　　　6.2.3　试点过程与注意事项 / 117

　　　6.2.4　试点的拓展与推广 / 118

6.3　变革委员会 / 119

6.4　内部社区 / 120

6.5　外部交流 / 122

　　　6.5.1　外部机构交流 / 122

　　　6.5.2　国内外会议交流 / 123

第7章　敏捷转型的人才保障 / 124

7.1　人才队伍建设 / 124

　　　7.1.1　新角色 / 124

7.1.2 角色转换 / 125

7.1.3 新角色的职业发展 / 126

7.2 内部敏捷教练培养 / 126

7.2.1 内部敏捷教练队伍建设 / 126

7.2.2 外部认证的引入 / 130

7.3 技术能力提升 / 133

7.3.1 前沿技术分享交流 / 133

7.3.2 人员内功修炼 / 134

7.3.3 技术能力栈建设 / 137

第 8 章 组织级敏捷转型 / 140

8.1 规模化敏捷的挑战 / 140

8.2 规模化敏捷框架 / 140

8.2.1 Scrum@Scale / 141

8.2.2 LeSS / 141

8.2.3 SAFe / 142

8.2.4 规模化敏捷框架的比较 / 145

8.3 规模化敏捷的实施 / 145

8.3.1 单系统的规模化敏捷 / 146

8.3.2 跨系统的规模化敏捷 / 146

8.4 敏捷的规范化推进 / 147

8.4.1 组织级敏捷度量 / 147

8.4.2 敏捷成熟度评估模型 / 149

第 9 章 敏捷转型的风险与合规 / 152

9.1 信息科技风险管理 / 152

9.1.1 商业银行信息科技风险概述 / 152

9.1.2 敏捷转型整体风险应对策略 / 153

9.1.3 完善信息安全管理体系 / 154

9.2 敏捷开发的内外部审计 / 158

9.2.1 内外部审计概述 / 158

9.2.2　敏捷转型的合规要求　/ 159

9.2.3　敏捷与 CMMI 及 ISO 的关系　/ 161

第 10 章　敏捷文化　/ 164

10.1　开放与透明　/ 165

10.1.1　可视化的力量　/ 165

10.1.2　坦诚的公开　/ 166

10.2　信任并验证　/ 169

10.2.1　信任是有效开展知识型工作的基础　/ 169

10.2.2　信任，但是要验证　/ 170

10.3　技术卓越　/ 171

10.4　持续改进　/ 172

10.4.1　看见真实的勇气　/ 173

10.4.2　构建可以安全地失败的环境　/ 173

10.4.3　打造主动自我反思的学习型组织　/ 174

10.5　文化的转变　/ 174

第 11 章　敏捷转型案例分享　/ 176

11.1　案例背景　/ 176

11.2　转型成果　/ 177

11.2.1　敏捷模式创新　/ 177

11.2.2　试点产品情况　/ 178

11.2.3　进一步的敏捷产品建设　/ 180

11.3　转型历程　/ 181

11.3.1　敏捷基础的导入　/ 182

11.3.2　试点产品的探索　/ 182

11.3.3　管理体系的落地　/ 182

11.3.4　实施范围的扩大与成效提升　/ 183

11.4　经验分享　/ 185

11.4.1　管理层的支持是核心推动力　/ 185

  11.4.2 优化组织结构，促进测试融合 / 185

  11.4.3 突破已有流程，专注响应力提升 / 186

  11.4.4 提升人员能力，追求技术卓越 / 187

附录　威胁建模 / 188

参考文献 / 195

后记 / 199

第 1 章
概 述

1.1 数字化时代的挑战

科技进步是推动经济社会发展质量变革、效率变革、动力变革的核心驱动力。随着新一轮科技革命和产业变革孕育兴起，全球的社会形态、商业生态和客户行为发生了深刻变化，人类社会已经迈入以开放共享、生态多元、广泛智能为特征的数字化时代。从全球范围来看，一切都在变化，一切都在加速。例如，短短数年时间，触屏式的移动终端已经随处可见，移动支付在部分国家无处不在，我国使用移动支付的比例高达86%，普及率位居全球第一，广大农村地区的居民作为传统金融难以触及的长尾客户，移动支付比例也已提升至近五成。

VUCA已经成为这个时代最鲜明的特征，VUCA一词最早起源于西方的军事学校，之后，被用来形容一种易变（Volatility）、不确定（Uncertainty）、复杂（Complexity）和模糊（Ambiguity）的全球环境，在军事、商业和教育培训中被频繁地使用和讨论。之所以感觉过去的时代更加稳定、确定、简单和清晰，是因为过去已经被记录、总结和归档，站在现在看未来，是看不清、摸不着、难以准确定位的。信息技术的飞速发展，以及商业环境的持续变化，给全球企业的组织管理和转型发展带来了巨大的挑战，市场不确定性所带来的风险，已经超越了市场风险范畴本身，跨界打击也已成为新常态。

银行业作为面向金融客户服务的强规模效应行业，顺应时代浪潮，快速转型变革，巩固和培育竞争优势，打造敏捷银行，实现高质量、高水平增长，已是大势所趋，与此相匹配的 IT 敏捷转型，已经成为刻不容缓的核心课题。

1.2 商业银行的转型与应对

针对数字化时代的不确定性和快速发展的现状，全球的金融服务企业纷纷开启了敏捷转型的进程。具体到银行业来说，美国的 Capital One 银行、荷兰的 ING 银行等一大批全球知名银行已经先后开启了组织级的敏捷和 DevOps[○]转型之路，并且取得了一系列显著的成果。

1.2.1 Capital One 银行的敏捷转型

Capital One 银行成立于 1988 年，虽然在美国银行同业中历史并不算悠久，只有三十多年的历史，目前却已经成为美国最大的银行之一。Capital One 银行的敏捷和 DevOps 转型之旅开始于 2010 年，从瀑布开发转到敏捷开发，从手工的构建、测试和部署，转型为自动化的构建、测试和部署，并积极地拥抱开放云平台和开源软件。Capital One 银行将大量的应用和数据迁移到亚马逊公有云上，以降低运营成本和加速创新。亚马逊在公布的解决方案研究中提道："Capital One 银行在 2015 年宣布，公司所有的新应用程序都将在云中运行，并且所有现有应用程序都将以系统化方式重新进行架构设计以适合云。"同时，Capital One 银行还积极拥抱开源软件，不仅大量采用开源软件进行软件开发，还在 2015 年开源了其 DevOps 仪表盘 Hygieia。该工具为工程师和运营者提供了不同的视图，可以让二者通过可视化的方法，实时监控从代码提交到最终生产部署的整体 DevOps 健康状况。

通过一系列的敏捷和 DevOps 转型，Capital One 银行于 2016 年具备了单应用在生产上每天部署一次以上的能力。图 1-1 展示了其敏捷转型的详情。

1.2.2 ING 银行的敏捷转型

ING Direct 是由荷兰国际集团于 1997 年在加拿大首创的直销银行，也是全球第一家直销银行，是荷兰 ING 银行打造的创新型模式的银行。

○ Development 和 Operations 的组合词，是一组过程、方法与系统的统称。

图 1-1 Capital One 银行的敏捷转型之旅

资料来源：DOES16 San Francisco，Capital One 的 DevOps 分享。

荷兰 ING 银行通过建立跨职能小组，进行了整体的敏捷组织转型。根据麦肯锡发布的《麦肯锡中国银行业 CEO 季刊》（2019 年春季刊）中对荷兰 ING 银行的介绍，"荷兰 ING 银行于 2015 年 6 月首次在总部引入敏捷的工作方式，并在一年后将其扩展到极少运用敏捷方法的 IT 基础设施和运营领域。这一举措不仅让银行 IT 运营更快速、更稳定，也大大提升了工作效率和员工参与度。其产品上线周期从每年 2～3 次缩短到 2～3 周一次，员工效率提高了 30%，客户净推荐值（NPS）大幅提升，客户参与程度提高了 20 分。"

1.3 商业银行敏捷转型的现状

1.3.1 国内商业银行敏捷转型的挑战

当前，国内商业银行敏捷转型的挑战，主要来自以下三个方面。

1. 新技术应用的挑战

信息技术的发展呈现指数级的爆发趋势，人工智能、大数据、云计算、区块链等新技术在金融领域的应用已经越来越深入，给既有业务流程甚至业务形态带来巨大冲击。这要求商业银行必须积极地掌握新技术、应用新技术，以技术和创新引领业务发展。

2. 极致用户体验的挑战

随着互联网的发展，新一代用户群体对身边金融产品的用户体验要求越来越高。互联网用户体验设计有一句话："别让我想，别让我烦，别让我等。"近几年最流行的余额理财和各种秒批秒贷类金融产品，其本质上的金融功能并没有发生变化，但是，这些流行金融产品在用户触点的设计上，将金融服务与场景充分结合，让收益或者审批结果即时可见，客户体验更优秀。要做到这一点，就要求商业银行改变原来提供金融功能和服务的业务功能思维方式,以客户体验为中心,转向真正的互联网产品思维方式。

3. 快速响应的挑战

快,对于已经习惯了以往按年、按季度和按月进行交付的商业银行来说是巨大的挑战。为了维持较高的稳定性和安全性,商业银行必须满足来自监管机构及自身的各种硬约束和软要求,再加上内部常见的按照职能设置的组织架构,让端到端的用户价值交付流程漫长而曲折。但是,稳与快并不是一对绝对的矛盾体。商业银行通过真正地实施敏捷和 DevOps 转型就可以实现"快速地交付高质量的用户价值"这一目标。要做到这一点,并非易事,需要长时间脚踏实地地践行。

1.3.2 敏捷和 DevOps 在国内银行业的应用

针对上述情况,国内部分商业银行启动了敏捷和 DevOps 转型探索工作,并且取得了不俗的成效。

如某国有大型商业银行的 IT 实施部门,2013 年年底首次提出在互联网应用上使用敏捷开发方法。经过 5 年多的实践,开发上线周期缩短了 38%,同时,面对一系列大规模组织敏捷转型的现实挑战,采用了"试点先行,顺序铺开"的策略。在试点产品的实践中,通过小范围的尖刀产品尝试技术实践和突破管理流程,为后续敏捷转型奠定了坚实的基础。同时,试点产品采取"先内后外逐步拓展,先变革后管理"的方法,先通过知识导入和工艺改进等提升内部敏捷实施能力,再逐步向前向后延伸;先给予试点产品充分的试点实践权力,突破现有传统流程和管理方法,保证敏捷的流畅运行,待趋于稳定时再逐步配套实施管理措施。这种转型策略,也可以为其他有意进行 IT 敏捷转型的商业银行提供很好的借鉴和参考。

一些全国性的商业银行也在积极地推动自身的敏捷和 DevOps 转型。如商业银行 A 通过对标金融科技企业,全面构建金融科技的基础设施,持续推进精益研发和敏捷试点,实现 IT 项目"双模开发",已在若干业务领域通过敏捷开发实现了科技与业务的融合创新,需求响应速度大幅提升。商业银行 B 在敏捷转型过程中,采取了先试点、后铺开的策略,从信用卡业务入手,成立敏捷团队,试点并逐步推进敏捷机制,产品从开发到市场推广压缩了 60% 的时间,业务流程持续得到优化。

1.4 敏捷和 DevOps 的发展趋势

目前，针对国际国内科技日新月异的发展，敏捷和 DevOps 的发展有以下趋势。

1. 价值驱动——以市场为导向，先试验后决策

随着互联网行业的迅速发展，其发展理念和实施模式带给商业银行一系列的思考，特别是"以市场为导向，先试验后决策，允许试错，主动试错"的敏捷发展理念。以当前互联网电商经常采用的一种用户端调查和优化方法——A/B 测试为例，在一个电商 App（手机软件）的场景中，假如这个 App 有 100 万在线用户，A/B 测试就是通过让这些用户看到不同的测试版本，来决策在两个和多个版本之间采用哪个版本的方法。假设其中 10 万用户看到软件的 A 版本，产生了 1 万购买量；另外 10 万用户看到 B 版本，产生了 4 万购买量。这个试验数据说明 B 版本产生的转化率更高，就可以做出 B 版本较优的结论，进而做出将其推广到所有用户的市场中的决策。

2. 快速响应——时间就是金钱，时不我待

相比传统银行提供的各类金融产品服务，互联网企业通过互联网与传统行业相结合的方式，利用其便利性提供基础生活类金融服务，这些服务涉及人们日常生活的方方面面，如理财、超市购物、自动售货机使用、地铁出行、餐饮、外卖、其他交通出行（打车、拼车）等。在这种形势下，快速占领市场成了各互联网企业的首要战略，上线的时间和收益、盈利、市场份额直接相关。

数字化时代，需要银行这样的金融庞然大物也快起来，快速地满足客户需求，快速地应对商业环境的变化，快速地失败，快速地学习。而敏捷和 DevOps 给商业银行带来的最重要的一点就是"快"！DevOps 的目标是更快地交付高质量的可工作软件，一是高质量，即没有安全漏洞、合规、最少的缺陷等；二是可工作，即软件真正地端到端可用，被测试过，并且所有依赖组件也均可用；三是更快，即在不牺牲质量的情况下，越快越好。针对前两个特性，瀑布开发也完全可以保证，敏捷和 DevOps 主要带来了最后一个改变——更快。这种快是高质量的快，是可持续的快。

3. 体验至上——注重体验与交互

越来越多的金融消费者，使用个人电脑、智能手机、平板电脑等互联网及移动互联网终端办理金融业务。新兴的互联网金融企业提供带来革命性用户体验的产

品，创造性地提供位置服务、轨迹记录等特殊支持，并重视调动正面情感、激发社会性交互，实现轻松办理金融业务，为金融创新提供了崭新思路。

对银行而言，产品的创新、渠道的创新很容易做到，但也很容易被模仿。因此，在市场竞争中给顾客带来的服务体验难以被模仿成为银行获得顾客的关键。研究顾客体验，全方位提升顾客体验，是银行生存和发展的必然趋势。

ThoughtWorks（思特沃克）在《银行IT的敏捷转身》中提出："银行IT部门正在经历从开发模式到组织定位的巨大变革。"可以预见，能够快速地高质量地交付高价值的软件，必将成为新时代商业银行全球化发展的核心竞争力之一，与此对应的商业银行IT敏捷转型，也将成为新时代敏捷银行建设中的重要组成部分。

第 2 章

当前主流软件开发方法

2.1 瀑布方法与 V 模型

20 世纪 50 年代,现代计算机软件诞生了,这一时期,大多数软件都是由使用该软件的个人或机构研制的,且围绕硬件进行开发,这些软件的特点是规模小、无明确开发者和用户,早期的软件开发也没有系统的方法。20 世纪 60 年代,逐渐出现了"软件作坊",软件产品概念逐渐清晰。随着软件需求日益复杂、软件规模日益增加,软件开发的成本越来越高、维护难度越来越大,单纯依靠个人和小作坊式的无组织开发模式已经不能满足要求,"软件危机"出现了。到了 20 世纪 70 年代,为了应对"软件危机",计算机科学家和工业界巨头提出了"软件工程"的概念,以系统化、规范化、数量化的原则和方法研究软件开发过程和软件项目管理等,对软件开发过程中的复杂性和多人协同的问题,形成了完整的过程、方法和工具。

为了使软件开发更加有序,1970 年,温斯顿·罗伊斯(Winston Royce)在 *Managing the Development of Large Software Systems*(《管理大型软件系统开发》)一文中首次提出了软件工程的瀑布模型(Waterfall Model),它又被称为经典生命周期(Classic Life Cycle),提出了一个系统的、顺序的软件开发方法,从用户需求说明开始,通过计划、建模、构建和部署的过程,最终提供一个完整的软件并提供持续的技术支持。瀑布模型规定了一套过程元素、过程流及过程元素之间相互关联的方式,是一种线性的工作流方式。瀑布模型要求需求必须是准确定义和相对稳定的,虽然提供了应对需求变更的机制，但是基于线性模型顺序执行的要求，随着项目的推进，需求变更可能造成混乱，并且增加项目的不确定性；同时，瀑布模型一般交付周期较长，重要的程序实现、测试和交付的过程均接近项目的尾声，如果问题在前期评审中没被发现，将可能造成较大范围的返工，形成开发成本的浪费，影响项目的成功交付。

瀑布模型的一个变体，称为V模型（V-Model），如图2-1所示。

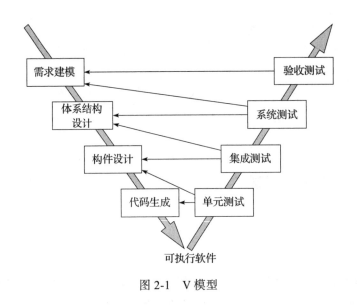

图2-1 V模型

V模型描述了质量保证动作同沟通、建模以及早期构建相关工作之间的关系。软件团队工作沿着V模型左侧步骤向下推进，至编码结束，是正向的工程活动；而随着V模型右侧步骤向上推进的工作，本质上就变成了针对正向过程的验证过程。这两部分构成了从软件需求提出到质量保证的全过程，也就是说，V模型相较于瀑布模型的主要差别，就是提供了一种将验证确认动作应用于早期软件工程工作中的方法，工作边界覆盖了需求建模、设计、代码开发、测试等工程过程。

在实际应用V模型的过程中，由于产品持续运营、客户体验提升的需要，往往会对V模型进行改良和扩展，以适应产品市场化竞争、金融科技数字化转型的需要。下面，以某国有大型金融企业在实际工作中对V模型的改进为例，谈一谈V模型开发过程演进的三个阶段。

1. 传统V模型

早期的工作模式，主要是业务人员提出需求，科技人员严格按照业务人员描述的需求进行程序实现，属于"来料加工"的工作模式。通俗地说，科技人员做的是"别人家的事儿"。这就是传统 V 模型。

2. 相对主动 V 模型

21 世纪初，随着互联网技术的发展，以网上银行等为代表的在线金融服务应运而生，金融产品已经转变为金融与科技结合的产品，科技元素成为关键因素，科技人员也形成了一种相对主动的工作模式，即科技人员由被动接收需求逐步转为主动引导，但还是由业务部门主导，科技人员仅仅对需求和软件产品的客户体验进行深度参与。通俗地说，科技人员是在做"掺和的事儿"。这就是相对主动 V 模型。

3. 主动扩展 V 模型

当前，新技术的应用创造了更多的场景、业态和服务模式，为了更好地适应金融市场的变革趋势，满足金融服务不断提升的要求，就要求科技与业务人员主动融合，打破工作边界，就需要针对现有的 V 模型进行改进，这就是主动扩展的 V 模型。该模型将现有 V 模型的边界向前延伸，综合考虑外部客户、市场、行业、战略、政策、新技术等因素，进行价值识别；向后延伸，通过市场响应、主动服务、客户反馈、生产运维、数据分析等手段，为产品优化改进提供输入，从而形成了从后向前的正反馈，提升了产品价值及生命力。通俗地说，科技人员与业务人员相互融合，科技人员就是做"自己家的事儿"。图 2-2 展示了 V 模型三个阶段。

综上所述，瀑布模型和传统 V 模型是最经典的软件工程模型，可以很好地规范软件开发活动，使开发活动有序稳定、结构清晰、具备良好的反馈和验证过程且易于控制和管理，对于需求定义清晰且稳定的软件开发比较适用且效果显著。但其本质上是线性过程流，不适应当前社会对于软件产品需求多变、求新求快的情况，特别是互联网金融崛起后，互联网思维改变了软件开发的常态，软件开发从稳定交付并满足客户的相对固定需求，逐渐演变为客户价值的快速交付，其间难以预料的持续需求变更愈发多见，原有线性的传统开发模型因缺乏灵活性、交付周期长，很难适应市场竞争和客户需求的快速变化。改进后的 V 模型加入了反馈环，软件开发人员更加主动，并且介入产品需求挖掘和投产后产品运维改进的过程；相较于传统 V 模型，对于用户需求的理解更加准确，产品更接近市场，客户体验更好，软件开发者和需求提出者的关系更加紧密。但其本质上仍然是固定阶段上下衔接并顺序流转的流程，有明确的阶段划分和过程文档要求，无法灵活适应需求变化和系统设计演进，在变化快且竞争激烈的领域不能满足软件交付要求。

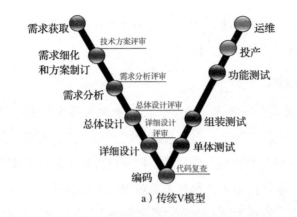

a）传统V模型

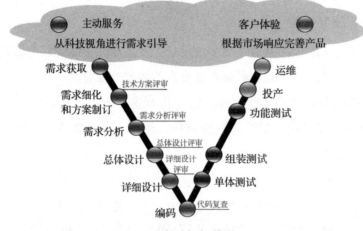

b）相对主动V模型

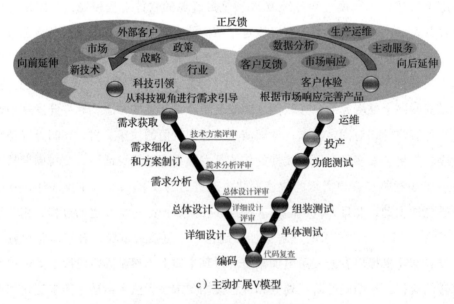

c）主动扩展V模型

图 2-2　V 模型三个阶段示意图

2.2 敏捷开发溯源

2.2.1 《敏捷软件开发宣言》的诞生

2000年9月，来自芝加哥Object Mentor公司的罗伯特·C.马丁（Robert C. Martin）用一封电子邮件吹响了会议的集结号。"我想召集一个为期两天的小型会议，时间是2001年1月或2月，地点在芝加哥，目的是让所有轻量级方法论的领袖汇聚一堂。你们都被邀请了。如果你们觉得还有谁该来，请告诉我。"

在2001年2月11日～2月13日，马丁·福勒（Martin Fowler）、吉姆·海史密斯（Jim Highsmith）等17位来自软件开发领域的专家聚集在美国犹他州的雪鸟（Snowbird）滑雪场，举行了一次敏捷方法发起者和实践者的聚会。大家提出的方法各不相同，与会者试图找到彼此之间的共识。经过两天的激烈讨论，他们用"敏捷"（Agile）这个词来概括一套全新的软件开发价值观，并共同签署了《敏捷软件开发宣言》(简称《敏捷宣言》)，内容如下。

我们一直在实践中探寻更好的软件开发方法，
身体力行的同时也帮助他人。由此我们建立了如下价值观：

个体和交互　高于　流程和工具

可工作的软件　高于　详尽的文档

客户合作　高于　合同谈判

响应变化　高于　遵循计划

也就是说，尽管右项有其价值，

但我们更重视左项的价值。

《敏捷宣言》的解读：在项目管理的过程中，大部分企业都有自己的规范和流程，也提供了相应的工具，如ISO9000、CMMI（能力成熟度模型集成）等。但是过多的工具和过程管控，会让开发团队把大量的时间浪费在遵循过程的约束之中。敏捷摒弃这种重流程和重工具的做法，提倡轻量级流程和轻量级工具，而这些流程和工具又促进着个体和交互。对于客户来说，他们真正需要的并不是面面俱到的文档，他们关心的是一款可以真正解决问题的软件，以及这款可工作的软件带给他们的价值。项目的开发一般是根据合同开展的，由于合同具有法律效力，在合同中也会约束产品需要交付的功能，而需求的变化往往来自客户。敏捷提倡与客户在一起工作，让客户参与进来可以在开发的过程中尽早发现需求的变化，从而尽早采取措施，保证交付朝正确的方向前进。计划只是对未来可能性的预测，敏捷提倡用较短的迭代周期，不断适应用户需求的变化，尽早做出调整，减少浪费，通过持续的改进创造用户真正需要的产品。

《敏捷宣言》中的话打破了人们传统的项目管理思维方式，但是要注意，在敏捷项目管理中，依然需要项目过程工具、必要的文档、确凿的合同和项目的计划。在实践中，应该以开放的心态去接受右项的价值，并在探索中更重视左项的价值。

《敏捷宣言》体现了敏捷开发的价值观，在这样的价值观下，提出了 12 条原则，这些原则是敏捷开发对于软件开发流程的指导性纲领，对《敏捷宣言》进行了具有实际操作意义的解释。

《敏捷宣言》遵循的 12 条原则如下：

（1）最重要的目标是通过持续不断地尽早交付有价值的软件使客户满意。

（2）欣然面对需求变化，即使在开发后期也一样。为了客户的竞争优势，敏捷过程掌控变化。

（3）经常交付可工作的软件，从相隔几星期到一两个月不等，倾向于采取较短的周期。

（4）业务人员和开发人员必须相互合作，项目中的每一天都不例外。

（5）激发个体的斗志，以他们为核心建立项目。提供所需的环境和支持，辅以信任，从而达成目标。

（6）不论团队内外，传递信息效果最好、效率也最高的方式是面对面交谈。

（7）可工作的软件是进度的首要度量标准。

（8）敏捷过程倡导可持续开发。发起人、开发人员和用户要能够共同维持其步调稳定延续。

（9）坚持不懈地追求技术卓越和良好设计，敏捷能力由此增强。

（10）以简洁为本，它是极力减少不必要工作量的艺术。

（11）最好的架构、需求和设计出自自组织团队。

（12）团队定期反思如何提高成效，并依此调整自身的举止表现。

敏捷开发最重要的目标，就是尽早和持续交付有价值的软件使客户满意。将产品对于客户的价值放在首位，保证团队理解软件开发工作的目标，为了这个目标而努力，实现产品的持续交付。在当今快速多变、充满不确定性的市场环境中，需求变更永远是存在的，要欣然面对需求变化。从需求变更中寻找机会，化风险为机遇，从而给客户创造出更大的价值。敏捷非常强调面对面沟通，因为面对面交谈是所有沟通方式中最有效的,大家可以通过直接沟通在第一时间把问题解决。在传统开发方式中,不同阶段的交付成果可能不一样,导致在相当长一段时间,客户无法看到产品。而敏捷强调交付的一定是可工作的软件,这样客户从一开始就可以看到产品,从而不断地提出反馈和优化产品的意见与建议。敏捷相信最好的架构、需求和设计出自自组织团队。敏捷的最终目标就是打造一个自组织团队,该团队能够通过高效协作,进行需求分析、架构设计等工作。

2.2.2 敏捷在全球的发展

1970 年,瀑布开发方法第一次被正式提出,随后很快成为主流的软件开发方法。20 世纪 90 年代,为了应对瀑布开发方法面临的问题和挑战,各种轻量级、按迭代执行的软件开发方法纷纷提出,其中包括:1995 年,在 OOPSLA'95 会议上,萨瑟兰(Sutherland)和施瓦伯(Schwaber)发表论文介绍 Scrum(斯克拉姆,迭代式增量软件开发过程)方法。1997 年,阿利斯泰尔·科克布恩(Alistair Cockburn)提出的 Crystal(水晶)方法。1998 年,杰夫·德卢卡(Jeff DeLuca)正式提出 FDD(特性驱动开发)的方法。直至 1999 年,肯特·贝克(Kent Beck)关于 XP(极限编程)的著作出版。2001 年 2 月,倡导上述轻量级软件开发方法的专家们提出了《敏捷宣言》,认为这些不同的方法遵循共同的价值观和原则。这是一个关键的转折点,此后这些敏捷软件开发方法在更大的范围内被推广使用。

2005 年,英国电信开始全面推广敏捷方法,标志着大规模敏捷应用逐渐被接受和认可。从 2006 年以来,微软、IBM、亚马逊、雅虎等一大批国际知名企业开始在软件开发中应用敏捷,掀起了敏捷开发的热潮。各种与敏捷相关的社团[如 Scrum Alliance(Scrum 联盟)]、会议(如 Scrum Gathering)层出不穷,规模也越来越大。

《敏捷宣言》诞生至今,敏捷的优势以及它为企业所带来的价值得到了不同领域企业的广泛认同,敏捷在全球范围内已成为主流的软件开发模式,产生了非常深远的影响。

2.2.3 敏捷在我国的发展

根据《敏捷中国史话》,中国 IT 业与敏捷的第一次接触要追溯到 2001 年。当时有一批年轻的 IT 从业者,受困于软件工程不能有效解决他们的实际问题,开始关注敏捷,并将敏捷相关的资料引进到国内。《程序员》杂志首次刊载与敏捷软件开发相关的内容,在 2001 年 12 月的专栏中较为系统地介绍了代码重构,于 2002

年 3 月发表了《极限编程》技术专题。2003 年,《软件研发》杂志第一期大篇幅介绍了敏捷方法。自此,敏捷正式进入我国。

但是敏捷在我国只是"昙花一现",此后进入了约 5 年的低谷。分析其原因,对植根于政府和大企业内部信息系统的我国软件行业来说,敏捷所倡导的快速迭代、持续交付太过超前了。在当时的行业环境与技术环境下,要想实现每两周一轮迭代,每轮迭代都交付给用户可使用的功能是不可能的,也是没必要的。可以说,我国 IT 业还没有完全做好实施敏捷的准备。

直到 2008 年前后,由于通信行业遭遇巨大的竞争,敏捷开始出现转机。诺基亚、爱立信、华为等通信业巨头开始积极开展敏捷转型,并培养出了一大批优秀的敏捷教练,他们在行业里广泛传播敏捷,同时,ThoughtWorks、优普丰等咨询公司在帮助通信业进行敏捷转型过程中打磨出一批理论与实战兼备的敏捷人才,对之后敏捷的蓬勃发展起到了关键性作用。

与此同时,我国受到了硅谷 Web 2.0 创业热潮的影响,小型的初创互联网企业,以及百度、阿里巴巴、腾讯等互联网巨头都面临着空前的机遇与挑战。互联网企业与通信行业不同,由于其自身的特征更容易接受和适应敏捷方法,迭代开发、持续交付、DevOps 等实践逐渐在行业内被普遍认可,达到了缩短交付周期、加速用户反馈的效果。

不久,传统行业受到互联网、数字化的冲击,开始关注互联网企业的工作模式,探索敏捷开发方法,于是敏捷在我国遍地开花。今天敏捷成为业内最为广泛采用的软件开发方法,在需求管理、项目管理、配置管理、质量管理四大领域为我国 IT 业提供了切实有效的实践指导。

2.3　精益与软件开发

2.3.1　丰田生产方式与精益思想

20 世纪 40 年代,由于市场环境的变化,大批量生产的弱点日趋明显。当时,日本丰田汽车公司在"赶上美国"的目标驱动下,意识到"彻底消除无效劳动和浪费"才是大幅提升生产率的途径,这就是丰田生产方式的基本思想。贯穿这一基本思想的有两大支柱:准时制(Just in Time, JIT)和自动化(Jidoka)。准时制即只生产实际需要的零部件,在必要的时刻将必要的物品以必要的数量送到生产线旁;

自动化意为将人的智慧赋予机械，保证无论什么时候发生什么错误，都不会有不合格的零部件传输到下游，打断下游的流动。其中，准时制是丰田根据市场需求和自身的技术背景，采取的多品种、小批量、高质量和低消耗的生产方式。这种生产方式获得了巨大成功，并延伸到生产管理以及日常管理中，形成了丰田独特的经营管理意识，构成了丰田生产方式的基本思想，以 JIT 为核心的丰田生产体系（Toyota Production System，TPS）由此诞生，并成为管理学中的精髓。

图 2-3 所示"精益思想屋"是对丰田生产体系的总结。丰田生产体系的整体或系统目标是所有过程以越来越短的周期快速交付价值，同时达到高质量和高士气。丰田通过公司真正意义上的"尊重他人"文化，保证员工有挑战和改变现状的个人安全感，通过不懈地持续改善来缩短产品周期，而不是通过走捷径、降低质量或用无法持续的、不稳定的速度进行开发等方式。

持续的短交付周期、（对于人类和社会）高质量和价值、最高客户满意度、最低成本、高士气、高安全性

尊重他人	产品开发	持续改善
- 不要给"客户"带来麻烦 - "先发展员工再构建产品" - 无浪费性的工作 - 注重团队和个人的发展并改进自己的实践方法 - 与合作伙伴创建稳定的关系、相互信任、用精益思想指导工作 - 发展团队	- 长期优秀的工程师 - 以从经理到工程师再到导师的模式指导工作 - 节奏 - 跨功能 - 团队空间加上可视化管理 - 企业的首席工程师/产品经理 - 基于组的并行开发 - 创造更多的知识	- 实地查看 - 改善 - 知识传播 - 小批量、不间断 - 回顾 - 5个为什么 - 留意浪费、可变性、超负荷、消除浪费（NVA，交接、在制品、信息传播、延迟、多任务处理、缺陷、一厢情愿等） - 挑战完美 - 流动（小批量规模、Q规模、周期时间）

14项原则
长期、流动、拉动、较少可变性和超负荷、停工与修复、精通规范、简单可视化管理、良好的技术、内部的领导——导师、培养优秀人才、协助合伙人进行精益生产、实地查看（Go See）、意见统一、反思和改善（Kaizen）

管理层使用并传授精益思想，并长期以此种哲学思考方法为基础做出工作决策

图 2-3　精益思想屋

资料来源：《精益和敏捷开发大型应用指南》。

精益思想产生于 TPS，它提供了以更少的投入获取更多的产出的方法，是一种运用多种现代管理方法和手段，以社会需求为依据，以充分发挥人的作用为根本，有效配置和合理使用资源，最大限度地为企业谋求经济效益的新型的经营管理理念，是关于如何有效组织人类活动的一种新的思维方式。在《精益思想》一书中，精益思想被定义为"有效组织人类活动的一个思维方法，目标是消除浪费，以更多交付有用的价值"。精益的重点是关注接力棒，而不是运动员——通过去除瓶颈以加速交付客户价值产出，而不是最大限度地利用工人或机器的局部优化。正如丰田生产方式创始人大野耐一所述："我们所做的就是关注时间界线，从客户下订单到我们收取现金为止。我们通过减少不增值的浪费来缩短时间。"精益思想以实际需求为导向，明确每一项产品或服务的价值流，保证产品在从设计到交付的过程中顺畅流动，以客户实际需求拉动整个生产过程，通过及时反馈，把浪费转化为价值，从而为客户交付更多的价值。精益思想定义了 5 个原则：精确地定义特定产品的价值；识别出每种产品的价值流；使价值不间断地流动；让客户从生产者方面拉动价值；永远追求尽善尽美。这 5 个原则指导的具体实施步骤，以用户的视角定义价值，消除不增加用户价值的环节和活动，让用户价值流动起来，并由用户价值拉动流动。不断重复以上过程，追求尽善尽美的价值和流动。

2.3.2 精益大发展

"精益"一词最初由约翰·克拉夫西克夫妇于 1988 年提出，原文标题为 *Triumph of the Lean Production System*（《精益生产方式的胜利》）。文章比较了西方生产方式和丰田生产方式在效率和质量上的巨大差异，挑战了规模化生产带来效益的神话。从此，精益思想从日本走向世界，逐渐成为现代管理学的重要组成部分。

20 世纪 90 年代，精益思想得到了更广泛的传播，精益实践逐渐被西方生产制造业所接受。1996 年，《精益思想》一书出版，该书描述了学习丰田生产方式所必需的关键原则，进一步完善了精益生产的理论体系，使得精益影响范围得到进一步扩大。

2000 年前后，在激烈的市场竞争和巨大的生产过剩压力下，随着精益生产理论的成熟，生产制造商逐渐意识到，精益不只是一种生产体系，还是一种商业体系，囊括了设计、供应商管理、生产以及销售在内的将一件商品投入市场的所有方面，各类企业都期望通过精益生产降低浪费、提高效益。线模（Wiremold）公司通过消除浪费、关注终端客户的声音，在 10 年间从濒临破产发展为 7.7 亿元的身价；大型货物包装设备公司兰开斯特公司通过形成连续流生产，在行业低谷时期将销售额拉回到 1999 年的最高水平；保时捷不断减少每辆车组装所需小时数、改善组装质量，将丰田生产方式与德国的卓越工程相结合，成为世界上最赚钱的汽车公司之一。

随着精益思想的传播，精益活动的范围越来越广泛，也诞生了一些非营利性机构，为各类精益实践者提供工具和讲解。1997 年，詹姆斯·P.沃麦克在美国创建了精益企业研究所（LEI）；1998 年，约瑟·弗罗教授在巴西成立了巴西精益研究所（LIB）；2003 年，丹尼尔·T.琼斯在英国建立了英国精益企业研究院（LEA）。这些非营利机构对于普及和促进精益思想提供了极大的支持。到 21 世纪初，精益已经超越生产制造领域，成为一种被普遍接受的价值观。

随着研究的深入和理论的广泛传播，越来越多的专家学者参与进来，精益研究领域呈现出百花齐放的现象，各种新理论、新方法层出不穷，如单元生产（Cell Production）、JIT2、大规模定制（Mass Customization）与精益生产的相结合、全员生产维修（TPM）的新发展、5S[○]的新发展等。许多企业将精益生产方式与本企业实际情况相结合，创造出了适合企业自身需要的管理体系，如精益六西格玛管理、群策群力（通用电气公司）、获取竞争优势（ACE）管理（美国联合技术公司）、竞争制造系统（通用汽车公司）等。精益思想跨出制造业，作为一种普遍的管理哲学在建筑设计和施工领域、服务行业、民航和运输业、软件开发领域等传播和应用，精益创业、精益服务、精益管理、精益教育、精益财务、精益供应链等方法论和实践给各行各业的发展带来新的思路、新的机遇。

2.3.3　精益软件开发

软件界的精益称为精益软件开发（Lean Software Development）。精益软件开发是从 20 世纪 90 年代开始逐渐取代传统开发方法的一种新兴软件开发方法，它同样基于丰田生产方式，是精益思想在软件开发领域的原则和实践，是一种应对快速变化需求的软件开发方法。其主要思想是分析所有的流程，通过拉式系统、价值流图等识别和消除浪费，不断提高效率，从而顺畅、高质量地交付有用的价值。帕彭迪克夫妇（Mary Poppendieck 和 Tom Poppendieck）在 2004 年出版了著作《敏捷软件开发工具——精益开发方法》(*Lean Software Development: An Agile Toolkit*)，书中阐述了精益软件开发的七大原则。

○　5S 是指整理（Seiri）、整顿（Seiton）、清扫（Seiso）、清洁（Seiketsu）、素养（Shitsuke），又被称为"五常法则"。

1. 消除浪费

所谓消除浪费，就是消除一切对客户或产品不具备任何提升价值的行为。对于软件开发来说，浪费主要包括半成品、额外过程、多余功能、任务调换、等待、移动、缺陷。通过可视化工作流识别浪费，通过改善流程、工具、协作来实现工作流的快速流动，最终消除浪费。

2. 增强学习

软件开发过程是一个持续学习的过程，最佳的改善软件开发环境的做法就是增强学习。短暂的学习周期和学习过程是最高效的，使用短周期的迭代（每个迭代都应包括重构和集成测试）可以加速学习过程，采用演进式架构进行周期性的重构，也是增强学习和积累知识的良好途径。

3. 尽量推迟决策

软件开发通常具有一定的不确定性，基于多种选择的方法能够取得更好的结果。尽可能地推迟决定，意味着在获得足够的信息之前不草率地下结论，直到能够基于事实而不是不确定的假设和预测来做出决定。系统越复杂，则其容纳变化的能力就应该越强，以使其能够具备推迟重要以及关键的决定的能力。"暂缓开始，聚焦完成。"

4. 尽快交付

尽早地发布产品可以使客户尽早地接触产品，有助于尽快地获得客户的反馈，根据反馈做出相应调整，避免生产出客户不需要的内容。尽快交付的目标是通过快速反馈实现客户需要的价值。

5. 授权团队

传统的团队都是由团队的领导者来决定和分配每个人所要完成的任务，但是精益开发主张将这种权力下放到团队的每个人手里，因为工作在一线的团队成员才最了解实际情况，清楚当下情况的最佳应对策略，应当使开发人员有权力阐述自己的观点并提出建议。而且，获得授权的团队会产生更强的行动力和更高的创造力。

6. 嵌入完整性

完整性指的是软件代码的质量，此原则有时被称为"构建质量"。质量的保证一开始便被贯穿在开发过程中的每一个阶段，而不只是在测试阶段发现质量问题。

7. 着眼整体

整体的表现通常不是受制于某一个局部的表现，而是受制于各局部之间的协调配合。局部优化容易舍本逐末，有时会恶化整体的协调一致，导致整体利益受到损害。若局部优化不能带来整体的改善，那么这种优化是没有价值的。对于任何软件产品，需求、开发、质量、维护、运营是一个统一的整体，从整体上消除壁垒、消除浪费，才能保证软件产品更快更好地交付。

精益软件开发认为没有所谓的最佳实践，因此没有具体的开发方法或过程步骤。它仅定义了以上一些原则，在这些原则的指导下，结合具体技术和管理实践开展的软件开发生命周期过程或项目管理过程即为"精益"。

2.4 DevOps 的兴起

2.4.1 DevOps 的由来

DevOps 在 2006 年前后孕育于敏捷社区，在形成之后，又反哺了敏捷社区和整个 IT 行业，是一次彻底而全面的技术和文化运动。

2008 年，在加拿大多伦多举办的敏捷大会（Agile Conference，2008）上，安德鲁·克莱·谢弗（Andrew Clay Shafer）首次提议讨论"敏捷基础架构"这个话题。在第二年的 Velocity 大会上有一个具有里程碑式意义的技术分享，即来自 Flickr 公司题为"每天部署 10 次"的分享，它激发了帕特里克·德布瓦（Patrick DeBois）在同年 10 月于比利时的根特市举办首届 DevOpsDays 活动。这个活动是两天的日程，为了方便大家在 Twitter（推特）上传播，人们把 DevOpsDays 这个词简写为"DevOps"。于是，DevOps 一词问世了，这个词所包含的理念和实践在越来越广大的人群中产生了共鸣，随后成为全球 IT 界在各种大会和论坛里热议的焦点话题，很多大型 IT 论坛也都开设了 DevOps 专题讨论。这就是 DevOps 的由来。

从字面上看，DevOps 就是 Dev + Ops。Dev 可以理解为 Development，也就是开发；也可以理解为 Developer，也就是开发人员。Ops 可以理解为 Operation，也就是运维；也可以理解为 Operator，也就是运维人员。所以，从字面上来看，DevOps 就是如何开发软件，如何交付软件，如何运维软件，以及在这些过程中的协调。理论上，DevOps 是一组过程、方法与系统的统称，旨在促进软件开发人员（Dev）和 IT 运维人员（Ops）之间的合作和沟通，通过建设一种文化和环境，使构建、测试、发布软件更加快捷、频繁和可靠。实践中，DevOps 是将不稳定的生产关系（如跨部门沟通、重复性手工操作、已发生事故的经验获取、人员流动带来的不稳定等）转化为规则，沉淀到稳定的生产力（工具链）中，让开发、测试、运维的工作协同更为高效和自动化。人员仅制定新规则，通过自动化执行，每天人工进行的重复冗余操作被替换，让组织更为高效、准确，推动业务快速而又稳定地发展。

DevOps 的思想来源非常广泛，主要的来源有以下三个方面：第一个方面来自精益生产模式（Lean）或者说是丰田生产体系（TPS）；第二个方面来自约束理论[⊖]（TOC）；第三个方面来自敏捷（Agile）。

DevOps 已经成为 IT 行业最热门的词语之一。DevOps 并不是新的工具或组织，而是新的文化和流程，其目标是高度协作以生产更好的软件，是通过开发、测试以及运维协同工作来加快开发和解决问题的方法。

2.4.2 DevOps 大发展

DevOpsDays 活动随后在帕特里克·德布瓦等相关核心发起人的推动下，在全球范围内蓬勃发展起来。2010 年在美国山景城（Mountain View）举办的 DevOpsDays 活动中，达蒙·爱德华兹（Damon Edwards）使用"CAMS"这个缩写，高度概括和诠释了 DevOps。CAMS 即文化（Culture）、自动化（Automation）、度量（Measurement 或 Metrics）和分享（Sharing）。随后，杰斯·亨布尔（Jez Humble）将"L"精益（Lean）原则也加入其中，最终变成了 CALMS。

- 文化（Culture），是指拥抱变革，促进协作和沟通。
- 自动化（Automation），是指将人为干预的环节从价值链中消除。
- 精益（Lean），是指通过使用精益原则促使达成高频率循环周期。
- 指标（Metrics），是指衡量每一个环节，并通过数据来改进循环周期。
- 分享（Sharing），是指与他人分享成功与失败的经验，并在错误中不断学习改进。

CALMS 完全符合帕特里克·德布瓦一向倡导的"DevOps 是关于人的问题"（DevOps is a human problem）的理念。

DevOps 在过去几年中发展非常迅猛，它将开发和 IT 运营功能结合在一起，以更好的沟通和更高的协作形式为各个实施的组织带来了可观的效益。行业调查显

⊖ 约束理论是企业识别并消除在实现目标过程中存在的制约因素的管理理念和原则。

示，互联网软件企业通过 DevOps 应用，在诸多方面促进了 IT 建设和业务发展：一是降低 IT 建设无效成本，即通过 DevOps 应用，提升了协作能力，降低了流程审批、人工操作、低效率沟通等造成的成本，相应地，可以投入更多成本在真正的交付价值中。二是实现版本的持续快速发布，即通过 DevOps 应用，开发运维环由以前的大变更、按批次交付版本，调整为小变更、按业务需求随时交付。三是对业务发展的促进作用，即在 IT 具备了快速交付上线能力后，业务部门可随时将新的业务推向市场。因此，开展 DevOps 实践对促进业务发展具有战略意义。

2.4.3 DevOps 在我国的发展

从 DevOps 概念的产生，到如今它在全球范围内的蔓延并被认同，已经经历了 13 个年头，它的快速推广伴随着 IT 行业的迅速变迁和发展。当前，国内的信息化建设已经进行了很多年，各行各业的企业也都亟待完成全方位的数字化转型。信息技术的先进程度标志着一个企业的核心能力，对于任何一个成功的企业，敏捷高效的软件开发创新实力和信息技术管理综合能力不只是门面，更是实实在在的市场竞争能力。DevOps 倡导打敏捷、持续交付和信息技术基础架构库（ITIL）三种实践的组合拳，同时以精益生产理念为基础的管理思想，正在逐渐地被广泛接受和认可。

在我国，DevOps 应用也越来越广泛，每年在北京、上海、深圳等地都有 DevOps 行业大会，眼下最流行、规模最大的会议有 DevOps 全球运维大会和 DevOps 国际峰会等。其中，DevOps 相关的专题和分会场也颇受人们的关注。各种云计算、运维等信息技术的社交媒体也都非常重视对 DevOps 这个话题的分享。

随着国内互联网巨头的崛起，互联网公司的开发运维经验也越来越多地在国内的各种技术大会上传播。从 2016 年起的技术活动日程中可以看出，国内互联网、金融、通信等从业人员也不约而同地用 DevOps 来定位和分享自己的优势和经验。他们是传播和分享运维侧 DevOps 实践的先头部队。

DevOps 在我国也逐渐成为一个热议的话题，但鲜有权威机构对其在我国的现状给出一个概览，这使得国内 DevOps 先行实践者还处于摸着石头过河的状态。我国的第一份 DevOps 年度调查报告《DevOps 中国·2017 年度调查报告》对 DevOps 在我国的发展有着里程碑式的意义。它使得 DevOps 的先行实践者能够对自身的 DevOps 实践有一个明确定位，又为踌躇不前的观望者指明了软件开发的发展方向。

为指导企业应用 DevOps 技术，中国信息通信研究院牵头制定了《研发运营一体化（DevOps）能力成熟度模型》。该标准的联合发起单位有：OSCAR 联盟、DevOps 时代社区、高效运维社区；起草单位有：中国信息通信研究院、DevOps 时代社区、高效运维社区、BATJ⊖、中国移动、中国电信、中国银行、中国太平洋保险集团等。该标准在工信部和联合国国际电信联盟电信标准分局（ITU-T）正式立项，于 2018 年 6 月 29 日发布全量送审稿。该项标准为我国很多企业衡量 DevOps 的成熟度做出了指导，同时为 DevOps 发展提供了改进方向。

2.5　对不同软件开发方法的思考

从方法的理念层面来说，瀑布方法与敏捷方法之间主要存在两种不同。

第一个不同是阶段 – 关卡（Stage-Gate）控制与检视适应理念上的不同。

瀑布方法背后的理论基础是阶段 – 关卡控制，即开发过程通过一个一个的阶段，每个阶段完成质量门的检测，其背后的假设是：只要开发的每个阶段都通过了质量门的检测，那么项目最终就会成功，所以，软件管理者就可以通过对软件开发各个阶段的质量门，制定检测过程指标，通过对该指标的控制和监控来保证过程质量，进而保证结果质量。实际的情况却如 *The Lean Machine*（《精益机器》）中指出的：按时进行"阶段 – 关卡"交付与项目的成功并无关系。

敏捷方法大都采用了迭代式的交付方式和即时反馈的过程控制方法，敏捷方法背后的理念是快速地搜集来自真实结果的反馈，将每一步和每一个增量做得足够小，进而让客观世界给出反馈。

第二个不同是计划控制与经验控制理念上的不同。

瀑布方法强调的是预定义的控制过程，而敏捷方法更多的是基于经验的控制过程。经常用到的一个比喻是开车长途旅行，假设某人要开车从北京到上海，什么时间出发、大致什么时间会到达是可以预先计划的；再进一步，可以预计中间要经过几个服务区，在哪里加油，在哪里休息，当得到这样一个粒度的计划后，其可行性和准确性就很可能会遇到挑战；如果再进一步，要提前计划一下什么时候踩油门，什么时候踩刹车，什么时候打方向盘，这样的计划肯定是没有意义的，这样的粒度之下，司机面临的不确定性和变化已经导致计划完全失效。此时，更应该考虑的是

⊖　BATJ 为百度、阿里巴巴、腾讯、京东四大互联网公司的简称。

司机的经验是否丰富，精力是否充沛等。

瀑布与敏捷两种方法之间并没有绝对的优劣之分，阶段-关卡控制的缺点是关卡检测的效果远远不如真实世界的反馈来得真切，而且过程质量并不能保证结果质量。从另外一个角度来看，敏捷方法的缺点也非常明显，因为并非所有的交付物都可以变得足够小，并且能够承受来自真实世界的负面反馈，即承受失败的风险。从上面开车的例子可以看出，计划控制与经验控制是各自有着不同的应用场景的。

敏捷方法现在在软件开发领域如此流行，究其原因，是由当下软件开发的现实场景决定的。因为软件开发本身存在如下诸多不同于建筑或者其他制造业的特点：

- 易变性——用户的需求经常发生变化。
- 模糊性——在看到具体的交付之前，用户往往并不清楚自己真实的需求。
- 紧迫性——没有一个软件项目是不紧急、不要求快速交付的。

以上这些特点，让敏捷软件开发方法中常用的迭代、频繁交付和获取反馈的方式，有了更多的用武之地。从广义上说，敏捷、精益和 DevOps 三者都强调对终端用户快速、流畅的价值交付。从狭义上说，敏捷更强调开发与测试阶段的快速交付；精益更强调小批量的、快速的价值流动和反馈；DevOps 更强调开发与运维的融合。敏捷与精益相辅相成，两者的价值观和原则都是成功实施 DevOps 的基础。

第 3 章
商业银行敏捷转型的策略

3.1 管理学变革模型的启发

通过对软件开发方法演进的回顾与思考，不难发现敏捷在当前竞争中能带来的巨大优势，敏捷转型已是生死攸关、势在必行的，而绝非锦上添花。但是，转型之路注定艰难。在开发方面，VersionOne 在 2009 年的调查报告中指出："管理层反对变革，管理失控，缺乏工程纪律，团队反对变革，工程人才的素质不高，加之大多数组织都离不开计划、可预测性和文档，这些都是敏捷应用面临的主要问题。"在更高层面，敏捷转型对数十年来固化的组织运作模式形成了极大挑战，如打破部门壁垒和组织"孤岛"、弱化等级制度，甚至重新设计汇报路径以及绩效考核机制等。作为这样大规模且动辄牵涉全员的改革尝试，敏捷转型必然是一场组织变革。

组织变革就是组织为了适应新环境的变化（如公司内部和外部环境的变化、技术的进步与发展等），或为了提升整体绩效，使用科学的管理方法来实现组织各方面的全面、系统的优化、提升和改善。其中，"各方面"包括组织的规模、权力结构、角色设定、沟通方式、组织之间的关系、个体的认知、态度和行为，以及成员合作的方式等。

组织变革是一个复杂且动态的过程，管理学对此已提出了多个行之有效的理论模型，可以指导组织变革，了解这些变革模型对如何实施敏捷转型有一定的启发意义。

3.1.1 勒温变革模型

勒温（Lewin）变革模型可以说是组织变革模型理论中最有影响力的一个。这是一个三阶段变革模型，由勒温在 1951 年提出，模型可以解释和指导如何发动、管理和稳定变革过程，即通过解冻、变革、再冻结三个步骤来有计划地组织变革。勒温认为，组织处在一种平衡态时，正是组织中的"驱动力量"和"抵制力量"相互作用、此消彼长，使组织不断变革，达到另一种平衡的结果。因此，这个组织变革模型，也叫作"力场"组织变革模型。图 3-1 展示了勒温的"力场"组织变革模型。

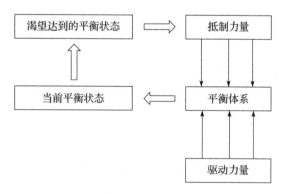

图 3-1 勒温的"力场"组织变革模型

勒温认为，成功的组织变革，应遵循以下三个步骤。

（1）解冻。这一步骤在于为变革创造有利条件。本步骤包括但不限于：激发员工，使组织成员认识到变革的紧迫性，找出与同业或竞争对手的差距，帮助大家意识到改变现有行为模式和工作态度的重要性和紧迫性，使员工产生迫切变革的意愿，并乐于接受新的工作模式。此外，还应该创造一种开放的氛围，关注员工心理安全感的建设，减少变革的心理障碍，提高变革成功的信心。

（2）变革。勒温认为，变革是个认知的过程，它需要获得新的概念和信息才能完成。因此，组织需要主动向成员提供这些信息，包括新概念、新思想和新行为模式，同时为成员指明变革方向，启动变革。有多种途径可以完成信息传递，包括专家演讲、群体培训、导师指导、树立榜样等。

（3）再冻结。为了巩固变革的成果，需要采用必要的强化手段使新的态度与行为固定下来，得到试验的新概念、新思想和新行为模式，经过正面的强化，才能形成稳定持久的文化内涵和行为规范。经过这一步骤，组织变革将达到一种稳定状态。

勒温组织变革模型也启发了很多其他的研究，后人在此基础上进行了深入的分析与优化。有研究认为，组织变革是一个循环过程，需要反复经历"解冻—变革—再冻结"这三个步骤。这些理论把变革看作渐进的、连续的、发展的，这对思考转型也有一定的启发。

3.1.2 科特组织变革模型

科特（Kotter，1995）在总结了企业组织变革实践的基础上，提出了一个组织变革模型。他在《变革》一书中指出，高层领导者的以下错误往往会导致组织变革失败：变革意愿缺失；未明确责任，缺乏组织领导；缺乏愿景规划；未对愿景规划进行有效沟通；没能及时扫清障碍；没有系统计划；过早地宣布大功告成；缺少变革的组织文化等。为此，科特制定了一个八阶段的变革模型，保证变革的实施与目标达成。这八个阶段分别是：

- 阶段一：建立紧迫感。与勒温的"解冻"目标一致，创造危机意识，为变革创造有利条件。
- 阶段二：创设领导联盟。科特建议组建一支团队来领导变革，鼓励成员协调作战。
- 阶段三：开发愿景与战略。构建组织新的愿景规划，并制定实现愿景的路径和战略。
- 阶段四：沟通变革愿景。让新的愿景规划得到广泛认可，通过树立榜样等方式，让新的组织目标和行为得到宣传和贯彻。这一步也与勒温的"变革"步骤相一致。
- 阶段五：授权员工为愿景而努力。鼓励创新，鼓励为实现愿景规划所做的努力，必要时可改变现有体制、结构及流程，扫清变革的障碍。
- 阶段六：系统计划并创造短期成果。为有形的绩效改进做出规划，并切实执行；创造短期成果，及时表扬，及时强化。
- 阶段七：巩固成果并深化改革。进一步巩固已有成果，同时，为了达到变革的目的，如有必要，可以彻底改革与愿景规划不相适应的体制、结构和流程，甚至制度及文化。
- 阶段八：将新行为模式深植于企业文化。重视组织文化变革；重视相应的员工培养；用制度化等方法固化工作流程、固化行为模式，同时阐明新的组织行为与实现组织目标之间的关系。

图 3-2 展示了科特组织变革模型，这个八阶段流程也是加速项目推动、加速组织变革的八个加速器。

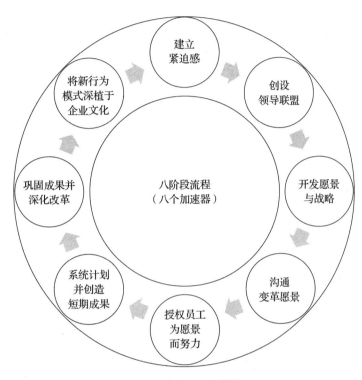

图 3-2　科特组织变革模型

3.1.3　其他变革模型及思考

勒温变革模型和科特组织变革模型均是组织变革的阶段模型，一些学者从组织变革因素分析出发，结合系统理论学派的"开放系统模型"，提出了"系统变革模型"。这个模型包括输入、变革元素和输出三个部分。

- 输入。输入包括组织的内外部环境、面临的机会与挑战，并在此基础上提炼组织的使命、愿景，产生相应的战略规划。
- 变革元素。变革元素包括制约和影响组织实施变革的全部要素，包括组织目标、组织文化、体制流程、人员与社会因素等诸多方面。
- 输出。输出则是变革的结果。根据组织战略规划，实施变革，最终提升组织整体绩效。

在此基础上，系统理论学派的代表人卡斯特（Kast，1973）相应提出了实施组织变革的六个步骤，分别是审视状态、觉察问题（确定组织变革需要）、辨明差距、设计方法、实行变革和反馈效果。值得一提的是，最后一步尤其关键，经过及时的反馈对变革的结果予以评定，如有必要，则再次循环此过程。

沙因（Schein）的适应循环模型与卡斯特模型较为相似，也分为六个步骤，他把组织变革看作一个为了适应环境而不断循环的过程，并且更关注变革过程中信息的作用。

此外，还有巴斯（Bass）效能导向变革观点，这种观点认为组织变革进行的前提是必须能提高组织绩效；莱维特（Leavitt）提出，组织变革主要通过三个途径实现，分别是结构途径、技术途径和行为途径，且这三个途径高度相关。

众多的组织变革模型角度不同、各有千秋，但有很多观点是一致的。比如，变革的因素有很多，均包括领导、文化、使命与战略，还有其他组织变量等；变革的过程都是阶段的、循环的，并需要及时反馈的。通过对这些组织变革模型的学习，我们能够清晰地认识到敏捷转型可能面临的挑战，有助于制定与组织现状相匹配的变革策略与步骤，建立合理的预期，并在合适的阶段采取科学的方法，达成转型目标。

3.2　组织变革方法的策略

组织变革是一个系统工程，必须讲究策略，才能协调好方方面面的关系。在变革方法的策略上，有两种典型策略可供参考和讨论，分别是激进式和渐进式。

这两个概念不只出现在组织变革的讨论中，在各种制度变迁中均有提及。激进式变革是一种大爆炸式、跳跃性的变革方式，是在较短时间内完成彻底的制度变革；渐进式变革是一种分步走的变革方式，主张逐步演进，"渐进"体现在时间、速度和次序选择等方面。

在组织变革领域，激进式变革是指力求在短时间内，对企业组织进行大幅度的全面调整，达成变革的目标。它的特点是时间短、范围广、幅度大。优点是收效快速，变革成果彻底，且不易被逆转；但同时缺点显著，比如，平稳性差，严重的时候会导致组织崩溃，忽视了既得利益集团对变革的阻挠以及为此付出的经济代价，变革风险很大。

渐进式变革则是不断通过局部调整，实现变革目标的渐进过程。渐进式策略比较温和，将变革理解为一个修正、充实和提高的过程，试图通过长期积累，由量变引发质变。渐进式变革的特点是持续性强、幅度小和稳定性好，在时间上"分步到位"，在空间上"由点及面"。它的优点是降低了不确定性，可以及时纠偏，不急于一时，拉大重大变革的间距，减少对资源的要求，不易对组织产生较大动荡，而且可以经常性地、局部地进行调整，直至目标达成；缺点是导致企业组织长期不能摆脱旧机制的束缚，并且在变革过程中往往会出现局部甚至全局性的逆转和反复。

对商业银行来说，激进式变革会打破组织原有的基本运行规则，给现有组织带来巨大的挑战，在其敏捷转型过程中，可能引起这个行业无法承担的后果；而渐进式变革可以在维持总体平衡的前提下，挖掘现有的组织潜能，进行较小力度的持续性改进，在达成变革目标的同时，保证了过程的可控性和稳健性。

因此，推荐商业银行（特别是大型商业银行）在敏捷转型中，采用渐进式转型策略。需要注意的是，虽然渐进式变革相对于激进式变革有更加稳健的特点，但是，并不意味着这种变革就更加轻松和容易实现。任何类型的变革，都是艰难的，都需要企业高层管理者保有巨大的决心和毅力，同时，坚定地执行适合自身企业情况的转型策略。

3.3　商业银行的敏捷转型

商业银行由于所从事行业的特殊性和敏感性，具有如下特点：
- 安全稳定性要求高，安全形势变化快。
- 信息系统种类繁多，技术复杂。
- 管理要求来源多样化，管理复杂。
- 监管检查频繁，整改成本高。
- 广泛使用外包开发，外包风险较高。
- 生产运行风险集中，运维安全需求前移。

同时，随着业务的快速发展和数据的不断集中，商业银行信息系统的运行环境日益庞大和复杂，信息科技风险也日益集中，不断扩大。风险管理是商业银行的重中之重，所以，在敏捷转型的过程中，一定要做到风险可控、稳健转型。

激进式变革对商业银行的组织生态冲击较大，不利于敏捷转型的推进，同时，商业银行一般规模较大，采用渐进式变革，以点带面，方能做到风险可控。

3.3.1 敏捷转型中的两条线

商业银行体量较大，在实施敏捷转型的过程中，往往会选取试点产品进行先行先试，同时，将先进试点产品的敏捷实践和管理方法在组织内部进行快速的横向推广。所以，敏捷转型存在纵横两条线：纵向试点，即深入研究敏捷开发工艺，探索快速交付的工程方法；横向推广，即借鉴敏捷的优秀管理方法，提高开发效率，降低管理风险。

1. 纵向试点，打磨敏捷开发工艺

在纵向试点方面，选取与敏捷开发工艺相契合的应用系统先行试用。在"互联网+"的大背景下，一般选取移动互联、移动渠道建设等相关系统，包括网络银行、手机银行以及微信银行等，这类系统具有如下特点：

（1）与传统银行产品系统低耦合。这些应用系统更多的是对现有核心或外围系统的接口复用产生网络金融的相关业务，不需要对传统银行产品进行较大的调整和改造。

（2）客户体验性较强。网络银行、微信银行等界面要求较高，与客户互动较多，设计上可循序渐进，由简入繁。

（3）竞争对象为互联网金融相关应用，需要较快速的响应力。为保持核心竞争力，网络金融相关应用要快速响应市场变化，持续不断地发布新功能，改进已有功能。

通过试点产品实施敏捷，探索敏捷快速交付的方法，具体分为以下几个步骤。

第一步，敏捷知识导入。组建敏捷实施团队，组织敏捷基础知识的培训，明确敏捷实施的各个角色，并对各个角色进行针对性的技能培训。

第二步，敏捷实践运作。启动敏捷实施，引入外部咨询顾问进行辅导，通过实践磨合队伍，固化方法，形成具有本单位特色的敏捷实践。

第三步，流程方法总结。基于实践运作，对敏捷实施的流程和方法进行总结，并持续进行改进。

要特别注意的是，敏捷转型在组织内是一种变革，一定程度上会受到人员因素的影响，所以，在团队组建方面，要考虑启用对新工艺、新方法抱有极大热情且愿意承担变革使命的人员，并且组织级要赋予其一定的自由度，才能发挥试点团队的主观能动性，从而取得阶段性的试点成果。

2. 横向推广，营造敏捷文化氛围

在敏捷转型过程中，针对非试点项目，可以在局部推广应用敏捷实践，营造敏捷文化氛围。

每日站立会议（简称站会）和任务板就是两种成本低、见效快、对传统开发侵入性较小的敏捷实践。站会和任务板传递了 Scrum 框架承诺、开放、尊重等价值观。通过站会，可以增强员工的仪式感和责任感，完成每天由生活状态向工作状态的转换，同时每日同步工作状态会无形中增加开发人员的压力并形成动力；通过任务板，使得团队管理透明化，团队管理者可以了解每位员工的工作状态，也可以为团队的任务分工及协作改进提供建议。

敏捷转型的初期，优秀实践的推广可以推进敏捷文化的形成，在组织内传播敏捷思想，为敏捷转型的大规模开展奠定基础。

3.3.2 敏捷转型中的三个阶段

组织级敏捷转型不是一蹴而就的，在商业银行的科技体系中，往往存在技术管理部门和开发、测试以及运维等实施部门，转型的整个过程需要技术管理部门、实施部门的通力协作，并且要分阶段进行。一般情况下，敏捷转型可以分为三个阶段，分别是试点项目摸索阶段、管理机制建立阶段和管理常态化阶段。

1. 试点项目摸索阶段

管理部门和试点开发部门成立专项工作组，通过试点项目的自主实践、探索和磨合来建立敏捷流程框架体系，关注流程和方法的不同点，积累方法和经验。在本阶段，试点项目不受当前制度的约束，同时，管理部门要对试点项目开绿灯，关注项目的实施效果，而不过多干预项目的实施细节。

2. 管理机制建立阶段

管理部门进入试点项目，作为项目组的一员实际参与项目工作，通过实践提出初步的组织级管理要点。在这个阶段，试点项目的运转已基本顺畅。管理部门人员进入项目中主要是为了了解项目运转机制、根据管理职责发现敏捷实施过程中的管理要点和要素。

3. 管理常态化阶段

管理部门按照管理要求，形成规范文件，待其稳定后纳入管理体系，专项工作组继续推进敏捷项目的持续改进工作。敏捷转型到本阶段，组织已基本具备敏捷实施能力。本阶段的工作重点主要包括两个方面：一是推进大规模推广，持续进行文化建设；二是与时俱进，持续对工艺进行提升。

上述三个阶段主要针对的是商业银行的软件开发中心，在开发和测试范围内实现敏捷转型。而商业银行的整体敏捷转型，则需要科技与业务进行融合。

3.3.3　科技与业务融合

敏捷开发，价值优先。在商业银行的敏捷转型过程中，只有科技与业务的深度融合才能真正发挥敏捷开发的作用，真正实现快速、高质量的价值交付。

科技和业务的融合并不是喊口号，而是要落实到具体行动中，主要表现在以下几个方面：

（1）业务人员作为项目组成员加入敏捷团队中，有能力的业务人员可以担任产品负责人角色。

（2）科技人员要主动参与业务需求的调研和梳理工作，与业务人员共同进行用户调研、需求讨论。

（3）业务人员参与敏捷开发的重要活动，包括但不限于版本计划、需求价值分析、需求优先级排序、迭代计划、迭代评审等。

同时，通过先进的管理实践也可以实现科技和业务的融合。以方法促融合，拉近科技与业务的距离。比如，科技部门和业务部门共同建立敏捷需求价值评估模型，通过对需求价值的判断，在讨论中碰撞出火花，促进协作的进一步发生；引入快速启动（Quick Start）实践，用科学的方法将业务愿景转化为可实施的用户故事，既能加深双方对需求的理解，也能在协作中不断融合。

商业银行的敏捷转型并不只是科技体系的职责，还需要业务条线通力配合，共同参与。数字化时代，每一个企业都是一家 IT 公司，商业银行的科技部门要实现科技引领，一方面要发挥主力军作用，引导业务部门深度参与 IT 过程，了解 IT，与 IT 共情；另一方面也要通过试点项目的快速交付增强业务部门的信心，最终实现共赢，既让科技部门具备了快速交付的能力，又让业务部门通过价值驱动的快速交付抢占了业务先机。

3.3.4 敏捷转型的目标

对于商业银行的软件开发中心，敏捷转型的目标是通过实现敏捷开发方法的常态化运作，建立敏捷开发体系，形成企业的敏捷文化，并不断创新、不断改进，最终保证可以更快地交付高质量的可工作软件。

敏捷开发方法的常态化运作，并不等同于整个组织是一个敏捷组织，即组织中只存在敏捷开发这一种开发方法。商业银行应用系统复杂、关联性高，所以，敏捷转型并不是要求所有的系统、所有的任务都要使用敏捷开发方法，而是要根据系统或者需求的特点来选择合适的开发方法，最终实现快速、高质量的价值交付。对于银行的核心系统，稳定和风险可控是其首要考虑的因素，且与外围系统关联性强，系统间依赖性大，一般采取计划性强、交付周期长（如批次化管理）的交付方式，通过计划驱动，保证稳定的交付节奏；而对于网络金融类系统，新兴业务以市场为导向，独立上线，耦合度较低，可以采用敏捷开发方法，通过价值驱动，实现快速交付，响应变化。

敏捷开发体系，不仅包括敏捷的流程和制度，更重要的是还包括总结实施过程中的最佳实践，以及转型过程中各级管理者的管理思维的转变。从产品规划、设计、需求、开发、测试、发布、运营阶段，总结相关的工程技术实践、开发流程制度，以及组织文化层面的管理实践。敏捷开发体系是组织级敏捷转型的结果呈现，是在转型过程中不断积累的产物。

敏捷文化是企业敏捷转型最终的跨越。没有敏捷文化，敏捷转型只能做到形似。文化的形成不是一朝一夕能完成的，需要日积月累，更需要从日常工作做起。只有企业的每一位员工都具备了敏捷的知识和行为，文化才会慢慢形成。要通过固化敏捷工程方法和快速交付来改变价值观和态度，从改变固有的行为模式来促进敏捷文化的形成。唯有建立了敏捷文化，敏捷转型才算真正成功。

敏捷转型没有终点。只有将工艺的不断提升、过程的持续改进纳入企业的常态化运作机制，不断完善敏捷体系，营造敏捷氛围，并将创新基因、敏捷思想植入组织文化中，才能使企业在"互联网+"的大背景下立于不败之地。

第 4 章

敏捷转型的工程管理

历经多年 CMMI 和 ISO 相关标准在软件行业的推广，特别是在自身面临安全生产压力，同时又要满足各种监管要求的情况下，很多商业银行的 IT 部门都建立起了相对规范的软件交付管理过程体系。一般在软件管理过程体系中会有很多的过程域，其中最重要的，和 IT 敏捷转型密切相关的，就是项目管理过程、软件开发过程和质量保证过程。在敏捷转型实践中发现，商业银行的 IT 敏捷转型，必然会对这三大过程有不同程度的冲击和改变。

4.1 项目管理过程

美国项目管理协会（Project Management Institute，PMI）将单项目管理划分为五大过程组，它们分别是启动过程组、规划过程组、执行过程组、监控过程组、收尾过程组。在五大过程组的基础上，还分为整合管理、范围管理、时间管理、成本管理、质量管理、人力资源管理、沟通管理、风险管理、采购管理、干系人管理十大知识领域。随着各商业银行软件开发规模的不断扩大，管理流程和方法的不断优化，项目集管理、项目组合管理已成为必经的发展阶段。在本章节，主要阐述商业银行的 IT 敏捷转型过程以及可能给项目管理过程带来的改变。

4.1.1 敏捷项目启动过程

启动过程组是授权开始一个项目或阶段的一组过程，包含了定义一个新项目或现有项目的一个新阶段。在启动过程中,将定义初步范围并识别内外部干系人,包括任命项目经理。这些干系人将相互作用并影响项目总体结果。商业银行一般有标准的项目启动标准和流程,下面,将从敏捷项目预算、敏捷开发标准以及敏捷生产任务管理三个方面,阐述商业银行IT敏捷转型过程对传统项目管理带来的变化和挑战。

1. 敏捷项目预算

项目管理过程中,最理想的应该是投资式项目启动过程,即在投入一定的工期和人力资源规模的情况下,分阶段验证商业假设,在一个阶段的验证结论得出之后,再决定是否追加下一步的项目预算。这就要求银行有灵活的预算机制。但是,在实际过程中,很多商业银行有项目预算的传统机制,在不能改变这种机制的情况下,敏捷项目依然可能会采取需求确定,通过评估工期和人力资源规模的方式进行项目的匡算。但是,对于敏捷项目来说,一定要做到需求管理过程的需求确认、需求变更控制和需求跟踪的轻量化,通过项目过程中的快速反馈,及时地调整需求范围。这给项目的范围管理带来了挑战。

2. 敏捷开发标准

各商业银行的软件开发均有自己的工程管理体系,要想吸收国际先进的管理理念和方法,就要在遵循监管要求的同时,结合自身特点,形成适合自身业务发展的软件开发标准。工程管理体系主要涉及工程类过程及管理类过程,但无论哪个过程都主要以产品的开发、测试、维护及管理为最小单元。在项目启动初期,要基于项目特点和目标,选择合适的软件生命周期模型。目前商业银行软件开发常见的生命周期模型为瀑布模型、迭代模型与敏捷开发模型等。表4-1对比了不同的开发模型。

表 4-1 不同开发模型对比

分类	瀑布模型	迭代模型	敏捷开发模型
实施工艺	将问题按工序分解,将功能的设计与实现分开,顺序实施	将开发过程分解为迭代,且每一次迭代都会产生一个可以发布的产品	增量的、迭代的开发过程,交付最有价值的功能
实施周期	实施周期较长,不容易适应用户需求变化	相对于瀑布模型,通过迭代降低了在一个增量上的开支风险,较容易适应需求的变化	能够很好地适应需求变化,整个开发周期包括若干小的迭代周期(2~4周)
模型特点	为项目提供了按阶段划分的检查点,并按阶段设定里程碑计划	每个迭代周期内往往应用瀑布模型,迭代的周期相对较长	对开发人员要求较高,适用于较小的项目团队;适用于需求经常变化的项目

在涉及多产品的项目中，不同产品根据其特点，可以采用不同的开发方式。每个产品也可以根据自身的产品规划、人员技能以及业务发展，在不同时期选择不同的开发方法。在商业银行敏捷转型的过程中，不可避免地会遇到从以瀑布模型为代表的传统软件开发方法，向以 Scrum 为代表的敏捷开发方法进行转变。由于商业银行软件产品的特点，并非所有产品都适用于敏捷，产品定位、与其他产品的耦合程度、团队情况、敏捷储备等方面都可能影响敏捷开发方法的使用，所以商业银行需要制定一套符合自身实际的敏捷开发评估标准。

实例分享：某商业银行敏捷开发评估指标

表 4-2 列举了某商业银行敏捷开发评估指标。

表 4-2　某商业银行敏捷开发评估指标

序号	类别	要素	情况
1	产品特性	产品类型	非电子渠道类的传统银行产品
2		本产品与其他传统银行产品的耦合程度	与两个以上传统银行产品有接口
3		需求是否确定	需求较明确，但后期有变更的可能
4		交付频率要求	按月投产
5		外包外购产品的关联性和影响度	不涉及外包或外购产品
6		产品投产涉及的外部影响	其他
7		产品架构的稳定性	已有稳定产品架构
8	敏捷知识与技能	团队成员对 Scrum 基础知识的掌握	半数以上团队成员有内部培训经历
9		敏捷开发流程的实施	半数以上团队成员学习过敏捷开发流程
10		敏捷工程实践的研究与应用（列举）	暂无
11		参与人员的敏捷开发经验	半数以上团队成员参加过敏捷项目实施
12	敏捷团队协作	Scrum 团队人员配置达到 Scrum 标准	全功能团队，5～9 人
13		Scrum 团队稳定性	相对稳定
14		测试人员参与情况	测试人员在开发阶段提前介入
15		产品负责人（Product Owner，PO）配置	PO 由团队成员专职担任
16		Scrum Master（敏捷专家）配置	Scrum Master 兼职担任
17		内部教练的参与程度	间接辅导与支持
18	持续集成成熟度（入门级）	团队具备独立维护 CI 环境或任务的能力，可实现每日定时执行 CI 任务，比如每日定时进行代码静态分析、打包以及少量测试等	满足
19		具备初级的自动化测试能力，比如单元测试和功能性测试，并且这些测试可通过 CI 任务定时执行	满足
20		团队成员能通过 CI 工具查看及共享 CI 结果	满足
21		团队中专人负责 CI 运行结果并跟踪问题解决	满足

3. 敏捷生产任务管理

在商业银行软件开发过程中，一般以生产任务作为驱动。生产任务是组织内部的一种指令，该指令协调统一需求价值可能涉及的多个应用系统，进行统一开发、联调、测试和部署发布。生产任务包含所需的所有产品，承接需求与方案以及版本交付，是软件开发部门的开发团队和测试团队启动工作的重要输入，也是各层级度量管理的重要依据。生产任务将根据年度规划，将每一项任务安排至某个时间段实施，对安排在同一时间段的多个任务作为一个批次进行统一管理和实施。批次就是将一组开发任务，按照某种维度绑定为一个合集后统一组织开发、测试、投产的实施模式。这些任务的安排，可以通过排期会议的方式进行明确。对于采用敏捷开发的产品的生产任务，可以通过版本发布计划会议进行辅助排期决策，如果生产任务在明确前尚不具备召开版本发布计划会议的条件，可以通过专家法进行经验估算，从而确定生产任务的排期建议。

如在实施过程中涉及生产任务的变更，如投产时间点变更、范围变更、提交版本时间点变更等重大变更或重要里程碑点的变更，需组织 PO、Scrum Master、团队等相关干系人尽早进行评估。评估内容包括：变更的合理性及必要性，版本交付时间的调整及版本变化对相关任务的影响范围和解决方案，版本组包的策略等，各干系人达成一致后形成评估结论。

4.1.2　敏捷项目规划过程

规划过程组是包含明确项目范围、定义和优化目标，为实现目标制订行动方案的一组过程。规划过程组制定用于指导项目实施的项目管理计划和项目文件。随着收集和掌握的项目信息或特性不断增多，项目很可能需要进一步规划。在项目生命周期中发生的重大变更，可能会引发重新进行一个或多个规划过程，甚至某些启动过程。这种项目管理计划的逐渐细化叫作"渐进明细"。它表明项目规划和文档编制是反复进行的持续性活动。下面，将从计划管理的角度，阐述商业银行转型过程中如何做好敏捷项目计划。

商业银行软件开发的项目计划一般分为两个层次：一是以年度批次计划为代表的组织级项目计划管理；二是以甘特图为核心的单项目计划管理。传统瀑布模式的计划管理更强调命令控制，制订详细的计划，并强制按计划执行，在过程中"控制"变化；而敏捷开发流程更强调边前进边学习，相信变化一定会发生，积极拥抱变化，响应变化高于遵循计划，在过程中不断检视计划并做适应性调整。

商业银行在敏捷转型过程中，在很长一段时间内敏捷开发流程和瀑布开发流程是共存的。很多项目采用的是混合开发模式，这就要求在项目计划管理层面上的兼顾。项目团队基于项目初步范围及已定义的敏捷开发过程进行工作分解，应尽可能全面地反映整个项目涉及的重要工作及活动。

输入任务的阶段在项目管理的过程中通常被称为活动定义。活动定义通常在范围声明和工作分解结构（WBS）的指导下完成。对完成的工作分解结构首先要进行组内评审，将评审通过的工作分解结构作为下一步计划的基础。在整个项目周期内，工作任务分解不是一次性的工作，而是一个迭代的过程，在项目初期的计划阶段和每个阶段细化计划时都要进行工作分解。敏捷项目一般在版本发布计划会上对后续工作计划进行明确，版本发布计划会用来建立敏捷团队并明确所有涉及产品一次或多次版本交付的目标和计划。版本发布计划包括版本需要交付的、达成一致的关键功能，并经过优先级排序，明确敏捷团队需要几个迭代来交付所有的用户故事。相比瀑布型项目的项目计划评审，敏捷项目的版本发布计划会起到了计划评审的作用。后续，相关人员将在每个迭代前及迭代过程中对计划进行不断细化和实施。

在版本发布计划会议召开之前，产品负责人需要提前确定产品的版本发布目标和时间点，将产品待办列表（Product Backlog）中的用户故事按照主题进行分类，并按主题排定优先级。在版本发布计划会议上，Scrum Master 引导开发团队按照主题和优先级对用户故事进行规模估算，得出故事点，然后汇总每个主题的用户故事数量和故事点之和。

开发团队根据版本发布时间点确定迭代长度和迭代数量，并根据往期的迭代速率，按照主题优先级将需要完成的用户故事分配到各个迭代中。如果团队没有可以参考的迭代速率，则需要根据经验评估可以完成的用户故事数量，设定一个初始化迭代速率。开发团队要充分考虑其他客观因素导致的影响，比如，领导安排的其他临时性工作、刚加入团队的新员工、办公环境及工具缺失等。

当按照既定速率无法在版本交付的迭代期内分配完所有的用户故事时，Scrum Master 需要引导开发团队和产品负责人，以及其他参与会议的干系人一起评估版本完成的风险和应对策略，并根据策略重新调整计划。可能采取的风险应对措施包括：增加额外的 Scrum 团队，减少需要交付的功能特性，延长版本交付时间等。一旦所有的用户故事都已经分配到迭代中，产品负责人需要与 Scrum 团队就计划进行交流，征求他们的反馈，看看这些计划是否现实并且可以完成。确认无误后，产品负责人记录下所有的版本发布计划数据，维护更新产品待办列表。

4.1.3 敏捷项目执行过程

执行过程组包含完成项目管理计划中确定的工作，以满足项目规范要求的一组过程。本过程组需要按照项目管理计划来协调人员和资源，管理干系人期望，以及整合并实施项目活动。下面，将从商业银行软件开发项目组织架构及开发团队层面，阐述敏捷转型过程中的管理实践。

商业银行软件开发单位一般包含三种项目组织结构，分别为职能型组织、矩阵型组织、项目型组织。介于职能型与项目型之间的矩阵型组织结构，是目前商业银行软件开发单位使用较为普遍的项目组织结构。矩阵型组织具有明确的项目目标，可以改善项目经理对整体资源的控制，改善跨部门协调合作，具有更好地平衡质量、成本、时间等制约因素等优点，但同时也有管理成本增加、多头领导、资源分配与项目优先产生冲突、权利难以保持平衡等缺点。商业银行软件开发单位一般有明确的项目经理，项目经理负责项目的时间、进度和成本的协调与监督，职能经理负责项目范围的界定和质量的把控。在敏捷转型过程中，常常遇到部门壁垒，项目组成员仍受原职能部门所限，无法发挥最大价值，且项目成员多数为兼职，无法保障团队的稳定性。而在敏捷中提倡特性团队，就是一个团队可以有完整的交付某一个特定用户价值的全部实施能力，也叫作全功能团队。团队成员提倡全职投入，对于日常事务，留有一定的损耗时间（Loss Time）。长期实践表明，敏捷团队成员应该尽量保持稳定，以团队为中心进行交付，而不要采用以任务为中心拉人头的交付方式。形成一个团队后，团队成员之间就会形成协作的默契，并且对整个团队的能力有了一个自己的预测和把握，从而可以更好地应对新业务，甚至学习和应用新技术，因此让团队稳定在敏捷项目里是非常关键的。在商业银行敏捷转型过程中，要打破部门壁垒，组建业务、开发、测试、运营一体化的敏捷团队，成立稳定的敏捷开发团队，同时要明确地让业务部门承担 PO 角色，全程参与敏捷项目实施。

4.1.4 敏捷项目监控过程

监控过程组是包含跟踪、审查和调整项目进展与绩效，识别必要的计划变更并启动相应变更的一组过程。监控过程组不仅监控某个过程组内正在进行的工作，而且监控整个项目工作。在多阶段项目中，监控过程组要对各项目阶段进行协调，以便采取纠正或预防措施，使项目实施符合项目管理计划。监控过程组也可能提出并批准对项目管理计划的更新。

商业银行规模化软件开发监控，一般采取量化与可视化的过程监控方法，通过量化数据及图形实时展现项目工程活动和管理活动的状态，以及当前情况与计划目标的偏差情况。传统项目过程监控方法和手段很多，在商业银行敏捷转型过程中，可以结合敏捷项目特点，对现有的过程监控方法进行适应性改造，以满足项目过程监控目标，以及不同层级管理人员对项目进度的掌握。

1. 挣值监控方法

项目监控是根据项目计划目标对项目范围、成本、进度、质量等达成过程的控制。由于商业银行软件开发规模较大，所以一般采取量化的项目监控方式，通过量化数据实时展现项目工程活动和管理活动的状态以及与目标的偏差情况。敏捷强调价值，而说到价值，不得不说挣值。作为价值核算的一种方式，挣值体现为提供给客户的结果及可以从管理层获得的投资。挣值为结果制订相应的计划，然后用计划的资源实现结果。当项目完成、期望得到实现时，价值就得到实现，即所有需求都在产品中得到实现。敏捷强调对结果的承诺，所以可以用挣值管理方法来进行敏捷项目的过程监控。挣值方法有三个可度量的组成元素：计划值（PV）表示期望、计划或预测要实现的价值；挣值（EV）表示对实际交付的结果的度量；实际消耗成本（AC）表示实际成本，是实际消耗的资源核算。根据以上三个指标，结合敏捷项目中的故事点及迭代等概念，可以推导出敏捷项目的三个挣值管理指标。

（1）计划值（PV）：计划在一个时间盒中交付的故事点数。产出以故事点的形式来计算。复杂性影响一个时间盒内能够实现的需求总数，因为在项目过程中需求的数量会改变，所以需求的复杂性和绝对数量会影响完成整个项目所需的时间盒迭代总数。

（2）挣值（EV）：在一个时间盒中实际实现的故事点数。

（3）实际消耗成本（AC）：团队在一个时间盒迭代中的运作成本，每个团队具有几乎固定的运转成本——每次迭代的成本。AC以团队标准成本应该能够产生的故事点来度量。如果需要额外的人员或资源成本，就要成正比地增加AC。

根据以上三个敏捷挣值指标，可以对敏捷项目，通过进度执行指数（SPI）以及成本执行指数（CPI）进行组织级的度量与监控。

2. 燃尽图监控方法

刚才简单介绍了作为组织级的敏捷项目监控方法，现在介绍作为团队级的进度监控最佳实践。

迭代燃尽图是一种跟踪迭代待办列表（Sprint Backlog）完成进度情况的可视化工具。燃尽图横坐标为一个迭代周期，按照时间由近及远的顺序递增。纵坐标为一个迭代剩余的工作量，由上至下顺序递减。燃尽图表示在一个迭代周期内，随着时间的推移，剩余工作量越来越少，完成的工作越来越多。理想情况下，燃尽图是一个向下的曲线，随着剩余工作的完成，工作量"燃尽"为零。图 4-1 展示了一个 Sprint 燃尽图的实例。

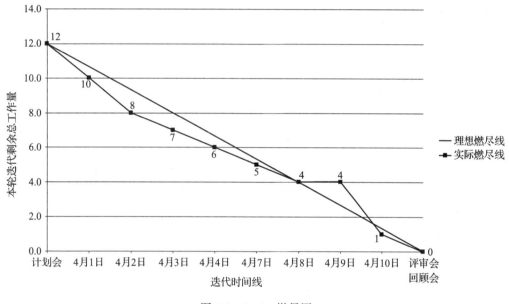

图 4-1 Sprint 燃尽图

4.1.5 敏捷项目收尾过程

收尾过程组包含完结所有项目管理过程组的所有活动，即正式结束项目、阶段或合同责任的一组过程。当本过程组完成时，就表明为完成某一项目或项目阶段所需的所有过程组的所有过程均已完成，标志着项目或项目阶段正式结束。

商业银行软件开发项目一般有明确的项目实施周期要求，在完成项目所有内容后，需对项目进行结项，对项目的整体情况、缺陷分析情况以及经验教训进行总结，并根据实际的度量数据对项目的性能目标、成本、进度、质量等项目整体情况进行分析，总结项目运作过程中的经验教训和改进意见。项目经理把项目的总结情况编写成项目总结报告，对项目的进度、成本执行情况及原始的项目费用预算、历次变更情况、项目工作量执行情况进行总结。在项目总结的基础上，重点对项目的开发与交付周期、迭代吞吐率、故事交付频率等不同维度的敏捷交付能力与交付稳定性进行总结，为后续项目的实施以及敏捷团队建设提供改进建议。例如，对产品的生产任务开发周期进行统计，分析敏捷开发对于需求的快速响应情况，促进任务的快速开发和交付；对团队的迭代吞吐量进行统计，以趋势图的形式进行展现，分析团队的交付能力是否稳中有升。团队可根据项目目前故事的拆分能力，选择使用迭代吞吐量或迭代速率进行分析。

4.2 技术与需求管理

软件开发是庞大的系统工程，商业银行一般会根据各自特点建立相应的工程管理体系，对于软件开发相关的需求、产品、分析、设计、评审、程序实现等方面的管理方法和实践，一般会在技术与需求管理部分对这类活动进行规范。这些工程活动基本对应了 V 模型的前半部分，即正向工程过程，在工程管理体系中的作用十分重要。如何将敏捷开发工艺纳入工程管理体系，软件开发过程如何适应敏捷开发方法的推广和应用，本节将试从需求管理、分析设计、开发节奏、代码复查、技术评审等方面进行阐述，通过传统开发模式与敏捷开发模式的对比，说明敏捷开发的核心价值和思维理念，说明商业银行面对敏捷转型具体工程过程的处理策略和应对方法。对于软件开发过程来说，敏捷开发不仅仅是将开发过程缩短并迭代起来，其核心理念是通过轻量化、灵活的管理方法和实践，以价值驱动软件快速交付，适应持续演进、需求不断变化的业务产品开发过程，帮助企业提升核心产品业务能力和业务价值。

4.2.1 敏捷开发的需求管理

从上面关于项目管理过程的描述可以看出，即使采用敏捷开发的项目，依然可能会以确定需求来估算工期和人力资源规模，从而估算项目成本、预测项目风险。对于采用敏捷开发的项目来说，与采用传统开发的项目一样，同样要进行完善的需求管理，需求管理的内容同样包括需求确认、需求变更控制、需求跟踪和追溯等。主要的差别在于采用敏捷开发的项目，需求变更控制和需求跟踪更加轻量化，将需求的确认分成短周期逐渐明确，仅针对明确需求进行开发，减少不确定的需求对项目的影响，从而适应需求的灵活变化。同时，通过迭代短周期的快速反馈，及时调整需求范围。下面将从需求确认、需求变更控制、需求跟踪和追溯三方面分别谈一谈敏捷开发工艺下的需求管理。

1. 需求确认

需求确认过程指的是接收需求以后对需求的初步评估，协助用户完善需求，确定需求范围，并就影响方案制订的需求问题与外部需求部门进行沟通落实。大型商业银行的软件开发需求一般由信息科技体系下的专有部门进行统筹管理，大型商业银行的开发中心也常常设置专门的需求处理部门进行归口管理，统一收集需求的路径和流程，便于软件开发需求的协同。敏捷开发模式下的需求确认过程，一般与传统开发模式下差别不大，对于市场响应需求急迫、客户体验要求高的特定需求，还可以采用敏捷中的一些优秀实践（如快速启动）来集中相关业务和技术部门人员进行需求挖掘，加快需求形成，提升用户体验。需求确认使得在项目开始前，项目中的关键角色充分理解业务需求、产品解决方案以及交付计划，更容易促成团队各个角色对需求内容达成充分的一致，以便快速、高效地进入开发阶段。

2. 需求变更控制

需求变更控制指的是对业务需求变更进行控制、管理的过程，包括了需求变更接收、需求变更初步分析、需求变更评估（CCB）、需求变更结果反馈和需求分配等过程。在传统开发模式下，需求变更要遵从复杂的分析过程和漫长的评估流程，以减少需求变更给项目带来的不确定性，规避项目实施风险。而敏捷开发的价值驱动的特点决定了在固定的时间盒内，需求是按优先级实施的，需求范围是可变的，仅要求需求在本迭代是明确、可实施的，就可以进行开发了。对于需求待办列表中的其他需求，原则上是不必在当前分析时明确的。所以，在敏捷开发模式下，需求变更对实施的影响更小，变更成本更小，变更流程可以更轻量化。也就是说，敏捷开发模式相比传统开发模式，更加适应需求不断变化的节奏、应对更加灵活、交付效率更高、需求变更的控制更简单。

3. 需求跟踪和追溯

需求跟踪和追溯指的是为了保证需求实施范围和功能覆盖的完整性和一致性，针对需求在整个开发周期内的处理情况，进行双向追溯（横向追溯产品间，纵向追溯本产品）和跟踪。对于敏捷开发模式，由于迭代交付周期短，与客户沟通的要求更为频繁（迭代评审会等敏捷特有的实践活动，要求需求方深度参与，保证了迭代需求实施结果更快的跟踪和确认），相较于传统开发模式，针对需求的追溯和跟踪活动更加频密，跟踪的结果更加准确。在敏捷开发中，作为用户需求的表达形式——用户故事，比传统开发模式下的功能项描述更加偏向业务功能语言，用户故事更容易被业务需求方理解，并且敏捷开发模式更加强调用户故事的可视化，对应开发任务的开发、测试等过程的流转更加清晰、明确，这就使得敏捷开发模式下需求的跟踪更加便利，保证了需求实施的完整性和准确性。

传统的开发过程一般是业务需求驱动的，本质是一种计划驱动的开发模式，需求范围是固定的，资源和时间是可以变化的，这就造成需求在长时间的实施周期中不易变更，变更成本高、效率低。由于从需求提出至投产的时间较长，原计划的需求在投产时间点上价值有可能已随市场变化下降，就会造成投产的需求价值难以达到预期，与当今信息化社会的需求快速变化的要求不匹配。只有把"好钢用在刀刃上"，通过价值优先顺序安排需求的开发才能快速响应市场变化，提高开发效能。与传统开发过程相比，敏捷开发更强调需求价值的识别、判定和评估，通过有优先级排序的用户故事展现，在开发全生命周期对可视化用户故事进行跟踪和追溯时，通过频繁快速的迭代周期，实现"小而美"的需求变更控制，灵活、快速地响应市场需求变化。

4.2.2 敏捷开发的分析设计

现代软件开发过程方法不断涌现，虽然各种开发模式对于分析设计活动的要求是不同的，但是无论对于哪种开发模式，软件的分析和设计过程都是不可或缺的重要开发过程。传统开发方法在本质上是一个串行的开发过程，需要由每个工程阶段的结果驱动下一个工程阶段的进行，需求分析、总体设计、详细设计作为程序实现过程的依据，往往在工程周期中占据很长的时间。敏捷开发模式是通过快速迭代实施的，每个迭代周期都很短，这就决定了一些重大的分析和设计决策要在迭代开始之前或者在前几个迭代进行中尽快完成，同时，由于软件开发过程本质上是一个学习的过程，在需求的实际开发过程中，特别是随着市场环境的变化，会给产品负责人以及整个开发团队带来对业务领域和技术架构的新的、更深入的认识，所以，敏捷开发方法中的分析和设计与瀑布开发等传统开发方法相比，更强调架构设计的演进，即在项目开始时快速构建稳定的软件基础架构，满足交付需求，后续再以逐步演进的方式对架构体系进行迭代更新。当然，要做到这一点并不容易，需要业务、开发、测试的互动协作，需要采用科学的方法，设计可灵活扩展的架构，适应用户需求的不断变化。演进式架构设计过程更容易以用户为中心，更容易响应市场需求变化，并且快速反馈的闭环为客户体验和交互设计的渐进和优化提供了更适合的节奏。

对于新建大型系统的开发，推荐在项目初期增加专门的开发子过程，集中进行分析设计活动。以某国有大型银行为例，其在版本迭代开发启动前设置了完整的迭代前准备（S0）过程，让参与版本迭代开发的每个人明确产品需求和应该做的事情，以便在项目早期进行高层次的架构建模，识别架构的设计策略，从而快速确定架构模型，快速搭建基础环境。这类活动持续的时间可以是 1～2 周，由团队进行主导，Scrum Master、产品负责人、产品架构师、业务人员代表、测试经理、测试架构师、配置管理员、应用维护人员等全部参与，通过高强度的沟通和充分讨论完成需求设计及业务价值评估、业务场景和流程设计、范围定义、架构设计、原型设计、基础框架搭建等一系列工作。以下以某国有大型银行的迭代前准备过程为例，说明迭代前准备过程的主要工作内容。

实例分享：某国有大型银行的迭代前准备过程

1. 概念分析设计及基础框架搭建

概念分析设计的目的是在固定时间盒内快速从用户需求、业务流程、系统架构等方面对产品进行深入的分析和了解，并逐层进行分解、设计，直到确认已经掌握产品开发的全部（或关键）知识要点和技能，并具备启动迭代开发的条件为止。需求分析人员根据用户需求分析的结果编写完整的需求条目和用户故事。对于重要的需求分析和功能设计的内容，还应该通过组内走查、同行评审等活动进行验证和确认。

2. 用户需求全景梳理

在敏捷开发中，用户需求的主要表现形式是用户故事。过程活动的关键是让团队每个人都参与到对用户故事的讨论和设计中，其他参与人员及时给出建议或提供指导。用户故事的分析和逐层设计方法有很多，最常用的包括：建立用户故事树、创建用户故事图谱、创建概念及界面原型。用户故事描述了对软件（或系统）用户或客户有价值的功能。当产品负责人、BA 拿到用户需求的输入后，初步对需求进行分析，然后与用户和业务部门进行沟通，牵头组织整理和编写用户故事以及验收点（Acceptance Criteria，AC），依据价值排定优先级，并进行需求过滤。需要在项目实施过程中充分沟通用户故事细节，编写验收点，以判断是否满足用户的标准，检视并调整用户故事。在编写用户故事的时候，应该遵循 INVEST 原则。

INVEST 原则是六个英文单词的缩写，这六个单词分别是：

- Independent 独立的。
- Negotiable 可讨论的。
- Valuable 有价值的。
- Estimable 可估计的。
- Small 短小精悍的。
- Testable 可测试的。

然后根据与其他参与人员沟通的结果，评估用户故事的业务价值。根据业务目标对用户故事进行过滤筛选，将对实现业务目标最重要、最紧迫、最有价值的需求设为高优先级，将重要性不高、紧迫程度低、价值较小的需求设为低优先级。

用户需求的全景梳理不仅仅是在迭代前准备阶段开展的，后续迭代开发过程也需要随时维护。可以通过建立产品级的产品待办列表，将产品生命周期中的所有用户故事纳入其中进行全景管理，并在其中体现每个迭代的需求变化情况，体现需求的优先级，并在迭代过程中持续维护，以确保用户需求的全面掌控。

3. 业务流程设计

业务流程设计的关键是让团队的每个人都能掌握关键业务流程的梳理分析过程和思路，可以采用分工的方式单独设计、集中串讲，从而加深参与者对流程的理解。分析业务流程的方法有很多种，可以根据产品的实际需要进行选择，具体如下：

（1）基本业务流程图：主要针对交易的主流程进行绘制，可以辅助绘制各交互环节的子流程图以确保展示完整的主交易流程。

（2）交易状态图：主要针对有复杂状态的交易流程，描述交易中各种状态的相互转换关系和不同状态的处理过程。

（3）业务时序图：主要描述各业务主体或业务系统之间的交互过程和交互行为。

可以先利用白板、纸张、照片等形式记录并反复修正，最终在迭代前准备过程结束前形成规范化的技术文档。

4. 系统结构设计

系统结构设计的目的是让团队从产品架构入手，了解各个系统部署逻辑，依次逐层分析讨论各个产品的模块及模块交互关系设计,以及产品之间的接口关系设计,并最终形成产品和模块的代码结构设计,约定共同遵守的开发规范。最终达到的效果是可以直接依据逐层设计的结果搭建基础框架并启动开发。系统结构设计也可以采用分工的方式单独设计、集中串讲,以确保每个模块都能被设计,且每个人都能了解各个模块的设计。可以利用白板、纸张、照片等形式记录并反复修正,最终在迭代前准备阶段结束前形成规范化的技术文档。在本阶段,系统结构设计应力求快速形成,满足当前要求,不能过于复杂、过于"完美",但也要考虑扩展灵活度,避免后续频繁进行系统重构。架构设计应是逐步演进的过程,随着迭代开发的进行逐步完善,在架构重构决策时做好成本和影响的评估,以确保系统的架构设计可以对快速实现用户需求提供支持。

5. 数据库设计

在产品架构师的指导下进行数据库表设计。将关键实体类及实体类之间的关系映射到数据模型上,对数据表的定义要体现架构设计思想(如为提高性能或安全性在数据表及表索引设计时的考虑)的关键属性和表达类之间关系所必需的属性;数据库设计也应是演进的,在项目早期迭代前准备阶段应侧重确定数据库设计原则和整体规范,数据库表设计应以满足最早交付的要求为基准,后续再进行细化和完善。

6. 产品接口分析和设计

在敏捷开发中,由于单个团队的迭代开发一般是针对单产品进行的,所以此阶段集中进行产品接口分析设计活动,更加有利于梳理清楚产品间的关系,确定功能开发的影响范围,为大型金融企业的多系统协同、多产品集成、多元化技术共存提供良好的技术保障。当然,此阶段的产品接口分析设计的内容,除了针对产品间外部接口,还包括了产品内各子产品间的接口。产品接口的工作内容除了包括产品关联关系,还包括接口数据定义和规范等内容。接口作为产品间重要的关联要素,对其进行的分析和设计过程,对开发过程的影响范围界定、产品间数据流分析、功能协同开发过程都有着不可替代的作用。产品接口分析和设计在迭代前准备阶段应注意不要随意蔓延,不要对不确定的内容做过多设计和预留,但也要确定产品接口的公共机制和实施策略,保证后续接口设计具有延续性。在后续迭代实施过程中再不断细化接口数据项设计,持续对接口内容进行完善和演进。

7. 安全设计

对于大型金融企业来说,在应用开发过程中,遵循安全标准和规范,关注信息安全已逐渐成为共识。信息安全的重要性日渐提升,但是信息安全问题是一个涉及面广且复杂的问题,要保护信息系统免受各种已知和未知的威胁攻击,需要在系统设计时运用合理的安全性原则进行指导,最大程度提升系统的稳定性。需要根据安全威胁建模的结果,结合系统实际情况,根据各类信息安全标准和监管要求,在设计过程中采用必要的安全控制措施,包括但不限于身份认证、数据加密、访问控制、审计日志、会话安全、输入输出验证、敏感信息处理、应用框架及第三方组件安全、移动应用公共安全机制等方面的措施进行安全设计。

综上所述,由于敏捷开发快速启动、快速交付、灵活变化的特点,开发过程中的架构设计也应该是渐进的,架构的演化过程应贯穿产品开发的整个过程,不能仅仅局限在项目的早期阶段。早期的架构设计不求覆盖全面、尽善尽美,应在兼顾灵活扩展的基础上保证其为当前的最优选择,并随着系统改造需求的变化进行架构演进,与敏捷开发的迭代开发、快速交付的要求相符合。

4.2.3 快速迭代的开发节奏

敏捷开发是通过"小步快跑"式的迭代开发节奏,缩短交付周期,提高生产效率。在当前的敏捷开发框架中,Scrum 框架是被最广泛采用的,也非常适合需要持续进行软件交付的商业银行开发部门。特别是对于以项目形式进行的开发活动和产品交付,Scrum 框架都能很好地满足快速交付要求,实现用户需求价值。对于以产品维护形式进行的开发活动,由于维护任务的不确定性,更加适合采用非迭代式的方法,如采用看板方法进行敏捷开发实施。看板方法是基于"拉动"(Pull)的开发方法,强调可视化,可以保持软件的持续集成,有效管理开发团队的任务分配,保证人力资源不超负荷,同时,看板方法也可以作为敏捷转型中的软件开发实施过程的管理框架和工具来应用,它的适用范围更广、与传统开发方法节奏更契合。以下具体说明敏捷迭代开发过程的主要子过程,包括了迭代计划、迭代开发、迭代测试、迭代评审、迭代回顾会议等子过程中主要的工作内容和工作方法。

1. 迭代计划

迭代计划过程主要是通过迭代计划会议开展的。迭代计划会议在每个迭代的第一天进行,目的是讨论并确定本轮迭代需要实现的用户故事,以便达成共同理解。迭代计划包含以下两部分内容:

(1)"做什么":定义迭代目标,并选择团队可以承诺完成的产品列表待办事项。

（2）"怎么做"：决定如何实现 Sprint 目标，创建迭代待办列表并进行估算。Scrum Master 负责迭代计划会议顺利举行，确保每个参与者明白会议的目的，并引导大家遵守时间盒的规则。在迭代计划会开始前，一般推荐通过待办列表梳理（Product Backlog Grooming）提前针对迭代开发的用户故事进行梳理和澄清，为下个迭代启动做好准备，以便迭代开发的高效进行。

2. 迭代开发

迭代开发主要完成的工作包括编写程序源代码、代码复查、编写文档和评审文档等。按照用户故事的优先级从高到低串行开发，开发人员从迭代待办列表中领取任务，编写代码。通过每日站立会议（Daily Scrum）检视自身的工作进展，并及时调整迭代实施计划。由于迭代开发周期短、交付要求高，这就需要更强有力的开发工具的支持，保证迭代过程的快速构建、开发中问题的及时发现和解决。

3. 迭代测试

迭代测试就是依据用户故事进行测试的过程。迭代测试由于周期短、回归测试频繁，在保证迭代内增量功能测试过程进行的同时，还要保证迭代内功能影响的本产品其他功能的集成测试完整进行。这就必然要求自动化测试工具的配套建设，要求自动化测试能力的匹配。迭代测试的目的是验证产品实现是否符合产品设计及用户需求，测试输入中的验收点需全部验证通过。对于一个产品在一个迭代中由多个团队共同开发的情况，各团队之间的迭代测试需相互协调进行，以保证跨团队迭代测试满足业务的连续性要求，以及各团队之间的关联内容被全部识别出来并被测试；开发同一产品的全部团队的迭代测试均完成后，该产品的迭代测试才可认定为完成。

4. 迭代评审

迭代评审是通过展示和审核迭代完成的工作成果并获取反馈，检视和调整产品以及产品待办列表。迭代评审更加强调需求提出人员（或代表需求提出者）的参与，该人员保证了需求实施结果的准确性。

5. 迭代回顾会议

迭代回顾会议是团队检视自身并创建下个迭代改进计划的机会。迭代回顾会议发生在迭代评审会议结束之后，下一个迭代计划会议之前。迭代回顾会议的目的是检视和调整团队如何开展工作，对过程持续改进。

对于敏捷和传统开发混合的项目，或是采用不同开发节奏的多开发团队协同的大型项目，除了正常进行敏捷开发部分的快速迭代开发外，还需要在个体部分开发基本完成后找到项目同步节奏点，进行集成的功能测试和投产演练，以保证大型混合节奏开发项目的协同一致，保证功能交付的完整和准确。根据大型金融企业大规模按批次投产管理的要求，在投产演练之前还需要制订详细的投产方案，并进行投产方案的验证和投产过程的推演，规避投产过程中可能产生的风险。

4.2.4　敏捷开发的代码复查

代码复查是代码验证的一种方式，是质量保证的重要手段，无论是传统的瀑布开发模式，还是敏捷开发模式，一般都会通过多种形式开展代码复查活动。代码复查的目的是通过引入其他角色完成代码审核并发现代码缺陷，提高代码编写的质量。代码复查一般分为人工复查和工具复查两类。人工代码复查的组织形式一般分为交叉复查、审核式复查、集中复查等。工具复查是使用工具进行静态代码扫描。传统的代码复查多在项目任务的所有代码编写完成之后，预留专门的时间和人员投入复查活动，对于一般代码多采用双人或多人交叉复查方式，对于重点代码以集中会议的形式进行复查，还可以通过数据量化分析确定代码复查过程能力水平，检查执行效果，进而改进复查活动，保证代码质量。集中会议的代码复查通过代码编写人串讲代码、集中讨论、专家评审、问题修改、跟踪验证等步骤进行，通常通过检查清单（Check-List）的方法对代码进行对照和核验，更侧重于代码的业务逻辑、业务规则、代码健壮性、极端和异常情况设计等方面。工具复查是通过工具进行的静态代码扫描活动，更侧重于编码规范、代码安全规范、关联性和匹配性检查的内容。

敏捷开发以快速迭代形式开展，如果还是通过专门预留时间和人员投入"重量化"代码复查活动，效率不高并且还可能影响正向的迭代开发过程，所以，在敏捷开发工艺下，代码复查活动更强调自动化、轻量化、频繁化。工具自动化的静态代码复查过程往往与代码构建过程整合，和配置管理流程融合，纳入日常的交付流水线体系中。基于敏捷开发的人工代码复查，多采用代码审核式复查，在单个代码编写完成后即可进行，相比传统开发过程形式更灵活、更频繁、更轻量化，通常具有时间短、团队小、频次多等特点，多以分散站会的形式进行检查。当然，对于重要的公共机制和核心代码也会通过集中会议形式开展代码复查活动，同样通过设置代码串讲、反串讲、互查、讨论、修改、验证等步骤开展。敏捷开发的代码复查活动没有明确的时间边界，常常与编码活动交替进行、相互融合，对提升代码质量水平更有针对性，效率更高。敏捷开发方法中还有类似结对编程的敏捷实践，在代码检查的同时兼具传递知识和提升技能的作用。结对编程是敏捷开发极限编程的实践，一般是在敏捷团队中两人结对，编写代码的人为驾驶员，审查代码的人为导航员，角色也可在编码过程中随时按需互换。结对编程在代码编写过程中融入代码互查的活动，弥补编码人员个人能力瓶颈和知识盲点，不仅能力水平较低的人员受益，水平高的人员也能从中开拓思路、互相学习。结对编程不但承担了代码复查中对代码检查验证的作用，还促进了团队内的紧密沟通和充分交流，促进了人员技能提升，强化了团队的自组织能力，能得到事半功倍的效果。

4.2.5 敏捷开发的技术评审

技术评审属于同行评审的一种类型，技术评审是通过技术专家（多为开发团队之外的）、项目干系人对系统的分析设计进行验证的过程。技术评审的目的是尽早发现工作产品中的缺陷，帮助团队及时排除缺陷，从而有效提升产品的质量，减少后期返工的风险。技术评审主要解决的是"未知的未知"式风险，也就是项目团队"不知道自己不知道"的、完全在认知范围之外的风险，通过评审引入具备专业能力的第三方审核来发现潜在的问题。

技术评审根据评委类型和评审侧重不同，可以细分为不同的类型，如在某大型金融企业中技术评审就有同行技术评审和组内走查等不同的类型。同行技术评审主要是项目组外的专家和干系人作为评委参与评审；组内走查主要是项目组内的开发人员作为评委参与评审。同行技术评审一般由具有比较丰富的评审主持经验、能够控制评审会议的进程、具备相关业务领域技术的知识或经验的技术专家或架构师担任评审组长。由具备相关业务领域、相关系统或相关技术知识或经验且善于发现问题的相关技术人员和项目干系人担任评审员。同行技术评审多以集中式会议的形式开展，也可以通过分散网上评审的形式开展。在评审前预留评审材料审阅、评审问题准备等评审准备环节。在评审时仅对问题进行确认、对分析设计结果进行检核、识别缺陷和答疑，完成质量评价和缺陷验证。组内走查是为了解决项目或者产品内部的知识不对称问题，针对工作产品的一种审查方式，其主要目的是快速、灵活地帮助工作产品的团队识别和排除缺陷。组内走查可以在软件产品开发过程中灵活安排，可分散、多批次进行，一般适用于软件产品开发过程中的各类文档、测试案例、安装维护手册等工作产品的非正式的评审。组内走查的评审员一般是团队内或项目组内的技术专家和开发人员。组内走查形式更加灵活，管理更加轻量化。组内走查可通过在线检查、组内交流和串讲等形式开展，主要内容是针对重要的工作依据和手册、文档类产品进行检查。当然，技术评审都是在编码前对工作产品进行的检查活动，其目的是尽早发现缺陷。缺陷越早发现，纠正的成本越低，影响越小。

技术评审作为分析设计过程的验证过程，对于传统和敏捷的开发过程都是适用的。传统瀑布开发过程，为了保证在漫长的交付过程中使开发成果符合需求的预期，就需要设置多个工程阶段进行控制，保证项目按计划、按质量要求顺利展开。技术评审就是对某一个工程阶段提交物的确认，评审的对象以项目和系统分析设计完成的文档为主要载体，评审结果对后续项目的交付影响更显著。敏捷开发的技术评审形式更加多元化，除了和传统开发相似，设置在开发基础上搭建的关键环节，在迭代开发活动的过程中也可根据实际需要，根据关键设计元素对业务功能的影响展开。敏捷开发的技术评审，更加聚焦在上层的分析和设计问题上，更加强调"价值"。敏捷的组内走查更加日常化，更加碎片化，进行得更频繁。敏捷开发中的技术评审往往是随着迭代开发过程进行，在团队的密切沟通下自组织完成的。对于采用 Scrum 的敏捷开发框架的开发团队，在迭代过程完成前还会有专门的迭代评审实践活动，它与技术评审的侧重方向有所不同，更类似于完成代码开发后的测试验证过程，可以有效地引入开发活动之外的干系人，如业务方和客户，对迭代交付功能进行验证，保证了交付产品的质量；同时，快速反馈、迭代交付的特点，也决定了技术评审在敏捷开发中应更加聚焦于系统设计和关联影响，对于功能逻辑、工作过程和交互界面等内容不必过于关注。敏捷开发中的技术评审要针对不断演进的分析设计结果展开，对于不同的评审对象采用不同的方法，注意开展方式的灵活性和有效性，技术评审的过程既要坚持原则，也要掌握尺度，以缺陷影响和问题价值为依据，抓大放小，突出重点。

4.3 质量控制与保证

质量方面，实现"质量内建"（Build Quality In）是敏捷的目标。对于银行来讲，质量不仅仅意味着市场竞争力，更关乎社会稳定，是金融安全的重要保障。不论采用瀑布模式还是敏捷模式，质量的标准是统一的；不论采用何种控制方式，质量都要以客户价值为中心，以达到甚至超越客户满意度为目标，其过程的设计不仅能够在实际意义上控制质量，同时也要向相关干系人提供质量的可信性与可视性，这一点对于银行内部的管理者（特别是高层管理者）以及对于满足银行各监管机构的监管要求都具有重要意义。

不论是出于信息安全监管的需要，还是银行科技体系自身管理的需要，IT建设一定会有质量目标，无论在实际工作中它以何种指标展现——缺陷数、缺陷率、生产事件等级及数量等。要达成这一目标，敏捷采取了与瀑布不同的方式。在瀑布模式中，各阶段划分明显，而且各阶段的结束往往以质量控制的完成作为标志，质量控制非常显性，在较易获得干系人信任的同时，质量控制的成本却被诟病。实施敏捷在质量维度上的意义，就是要解决这一矛盾，这也是质量管理提升的重要标志之一。敏捷通过"小规模""短周期"，在降低投产风险的同时加快交付，来自实际运行的质量反馈大大加速；同时，敏捷通过不断强化自动化工艺，加快了迭代过程中的质量反馈，使质量和成本走向双赢。质量管理大师威廉·爱德华·戴明认为："质量是一种以最经济的手段，制造出市场上最有用的产品。一旦改进了产品质量，生产率就会自动提高。"敏捷实现质量提升的主要方式包括质量组织角色的转变、建立能够更早识别缺陷的质量过程框架以及实现自动化。敏捷转型的过程是软件开发组织自身质量管理能力大幅提升的过程，同时也是对组织已有质量管理改进能力的考验。因此，我们要打破固化的思维模式，运用价值流分析等质量管理工具、方法，重新系统性地审视和完善质量控制和保证机制，以敏捷转型为契机，从本质上提升组织的质量控制和保证能力，为银行信息安全提供保障，为客户体验的提升建立机制。

4.3.1 质量组织、角色的敏捷转型

作为大型的商业银行，往往设有独立的测试机构，比如"测试中心""测试部"。这样的组织架构设计除了从测试质量的角度出发，重要的是能够更客观地评估产品质量，其评估结果也更能够得到业务部门、运行维护部门乃至监管机构的信任。然而，从工程实施需要来讲存在着冗余，对敏捷模式中开发测试的高度融合也存在协调难度。如果取消独立的测试机构，质量投入有可能降低，交付周期可能缩短，然而，干系人对产品质量是否有足够的信心来支持投产的决策？毕竟银行业需要坚守信息安全的底线。实现敏捷的转型开发与测试的融合是发展的必然，在组织结构上开发与测试能融合到哪种程度，取决于开发能够获得的"信任"，信任度越高，测试就越能与开发融合。因此，提升开发交付高质量产品的能力（可信性）与

展示高质量的能力（可视性），是敏捷转型必须解决的关键问题，这个问题不解决，开发与测试的融合就没有保证，按工程过程进行阶段划分的结局就难以避免。开发与测试的融合程度可以分为以下几个等级（见表4-3）：

表 4-3 开发测试融合等级表

融合等级	测试机构	测试角色	测试阶段
Ⅰ级	独立	独立	有
Ⅱ级	独立	独立	无
Ⅲ级	无	独立	无
Ⅳ级	无	无	无

- Ⅰ级，测试有独立机构，且有独立的测试阶段。
- Ⅱ级，测试有独立机构，但是不设置独立的测试阶段。
- Ⅲ级，测试组织与开发组织融为一体，但是保留独立的角色。
- Ⅳ级，测试组织与开发组织融为一体，也不存在独立角色。

在质量管理领域，有两个重要的角色：测试人员（QC）与质量保证人员（QA）。一些组织把这两个角色合二为一，都由测试人员承担；在实施 CMMI 的组织中，这两个角色往往是分离的，QC 是测试人员，QA 作为推进组织过程落地的重要角色，在生产过程中起到监督过程执行符合性和有效性，并向非直接参与生产的重要干系人（比如高层管理人员）提供过程质量可视性的作用。

1. 测试人员在职责与工作模式方面的转变

在大型商业银行中，测试人员作为独立的角色，甚至是独立的组织，职责单一、明确，测试人员大部分工作都投入在测试案例的运行、验证上。敏捷团队中测试与开发被期望更加密切地合作，这也意味着测试要贡献比以往更高、更多的价值。测试人员不仅要会"测试"，还要懂开发，即参与系统的架构设计，提升系统的可测试性；能够编写自动化的测试框架，提升开发自动化测试水平。测试人员的价值不再单纯地体现在"测试"上，而是融合到开发之中；同样，一些敏捷实践（如 TDD）的应用，也会推进开发人员在思维上向测试渗透，让开发与测试实现融合。在现实中，融合之路并非那么轻而易举，会遇到很多具体的问题，比如测试人员是业务出身，并不懂开发，更不会写代码；开发人员不愿意改变自身以往的开发习惯，希望测试人员在测试实施上投入更多等。要完成敏捷转型，首先要完成的是人的转型。这就需要激励员工挑战自我、敢于打破常规，建立与敏捷相适应的质量愿景、方针、计划，特别是员工的发展规划等。在实践中，更需要将改变的效果直观展示出来，以激励员工更加积极地探索。

由于信息安全的需要，商业银行对测试的可视性及可信性有强烈的需求，因此对测试就有了"独立"的要求。在敏捷转型初期，为了满足职责分离的需要，独立的测试角色往往被保留，而随着测试人员与开发的关系越来越紧密，其独立性将被弱化，这也是效率提升的必由之路。然而，测试人员独立性的降低，并不意味着测试的可视性、可信性就会降低，自动化手段的应用将会为测试提供更加客观的质量保证。但需要注意的是，自动化工艺的建设要与开发、测试在组织上的融合速度相匹配，让工艺与组织结构相得益彰，敏捷的实施将实现质量和效率的完美提升！

2. 质量保证人员在敏捷转型中的职责与工作方法

质量保证人员不是工程活动的实施者，而且在生产任务中往往存在很多管理或技术上的控制手段，如技术评审、测试等，因此质量保证人员往往被认为价值不高。事实上，当管理水平和管理手段达到一定程度之后，质量保证人员对于生产任务的作用确实会逐渐降低。然而，他们真正的存在价值并非体现在某一单一的生产任务上，作为组织级的质量保证人员，其关注点在于推进管理成熟度的提升，如制度、工具的建设及持续改进；检查已形成的制度、管理要求是否得到落实，并推进其落实。因此，质量保证人员在新的工作模式形成或落地运行过程中发挥着重要作用，在敏捷转型的过程中，他们的主要工作内容包括以下几个方面。

（1）敏捷试点跟踪观察。在敏捷试点研究的过程中，质量保证人员要发挥三方面的作用：第一，作为专业的过程管理人员，要识别值得推广的实践，为后续新的过程制度建立提供输入。这对质量保证人员的技能提出了新要求，他们不仅要熟悉现有工作模式以及工程管理领域的各项规章制度，更要在敏捷模式的研究和学习上先行一步，这样在试点过程中才能独具慧眼。第二，对试点过程进行客观观察，并形成观察报告提供给管理层，使其尽可能客观、真实地了解试点中的现状，及时采取必要的干预指导，保证试点工作顺利完成。第三，有些制度即使是敏捷模式也仍然需要遵守，如一些在转型过程中还不能完全打破的与外部的接口方式，以及一些涉及组织整体管理的制度等。这些制度在敏捷试点中容易被忽略，质量保证人员有责任提醒、监督其执行。

（2）组织级敏捷制度或方法论形成。在组织通过试点形成了初步的制度或方法论时，质量保证人员要推进制度的落地运行，并观察其有效性，促进制度的持续改进。质量保证人员可以运用以下手段开展工作：①运用专项审核等手段识别过程符合与有效性问题；②开展持续的质量数据跟踪分析。

专项审核内容首先要包含制度或方法论的要点，不仅要验证执行的符合性，更要验证其有效性。如在验证回顾会议定期召开的基础上，进一步了解会议的成果，以及后续改进落实的情况。质量保证人员要对审计的内容有深刻的认识，在审计过程中促使更多的人理解制度的意义，使之后的执行能够更加到位、有效。度量与分析是过程改进中的重要环节，事前设计要获取质量数据，并尽可能通过自动化的手段获取。通过数据分析可以清晰地了解到过程质量、产品质量的情况，大大提升转型过程状态的可视性，为每一步的决策提供重要输入。待制度比较完善、敏捷进入常态化运行后，质量保证人员继续通过项目中的质量保证、专项审计、度量与数据分析等方式对敏捷的运行进行评估，并识别改进点，实现持续改进。

4.3.2　质量控制框架的敏捷转型

质量不仅仅涉及安全生产，也是敏捷得以持续的重要保障。瀑布模式下，在交付前开展的测试与构建，很可能发现严重质量问题，造成交付的延迟甚至项目的失败。这种状况在敏捷中如果不改变，则会影响迭代的节奏。因此，质量控制要尽早开展，将测试与构建可能发现的严重缺陷提前到开发活动中，使用新的过程框架势在必行。

1. 持续集成过程框架的建立

在瀑布模型中，分析设计、编码、测试、构建、投产部署都按部就班，而如果采用迭代模型，在测试、投产环节出现严重质量问题，则很可能会影响整个迭代节奏。在敏捷试点初期，出现测试完不成、迭代无法交付的现象不足为奇。要实现迭代的持续交付，持续集成工艺框架的建立显然是一个必要条件。

持续集成过程框架将测试、构建、部署融入开发过程，可以较好地避免将重大缺陷遗留至交付前夕的风险。但是测试、构建、部署这些原本一次完成的工作，现在要频繁地重复执行，必然要带来工作量的增加，生产效率也会持续下降。这一问题不解决，持续集成过程框架将无法运行。自动化是提高执行效率的有效途径，因此建立与过程框架配套的自动化平台与工具体系（参见 5.8 节），是实现持续集成过程框架的必要前提。

2. 灰度测试等工艺流程尝试与应用

随着 VUCA 时代的到来，要求我们必须放弃"等明确了再实现吧"这样的想法。按照质量客体的演变,可以将产品质量划分为两个层次:符合性质量、适用性质量。符合性质量是指产品对既定标准的符合程度,常说的质量大多是指符合性质量。但是当既定标准不存在或者不明确时,符合性质量便不存在。这时,适用性质量,即产品对实际应用环境的适用程度,就成为判定产品质量的重要标准。这意味着只有在实际应用中才知道产品质量"好"还是"不好"。当质量不能达到预期效果时,至少需要做到:不能产生重大信息、资金安全问题,不能造成大范围的客户服务负面影响,因此灰度测试的工作流程也就应运而生。灰度测试是指在程序已开发完成并测试通过,得到相对稳定的版本后,将功能开放给部分用户,这部分用户在使用过程中遇到的 Bug(程序错误)或者客户体验不佳的情况,将以日志形式反馈给开发人员对其进行完善,然后进行系统升级的过程。

灰度测试比较适用于客户体验要求较高,或者是投产运行风险较高的产品。除了要求产品的架构、设计能够满足灰度发布的需要,如控制发布范围等,同时也要求灰度发布后测试的相关管理流程完善,以保证这一过程的有序开展。

4.3.3 自动化体系的形成

在敏捷转型过程中,一些过程记录、文档是否应该保留,往往成为分歧点。"不要记录""不要文档"带来的问题是过程不可追溯、不可审计,信息安全受到挑战。代码是否得到了审核?测试是否充分?自动化是解决这一矛盾的优选方法。

"自动化一切"是解决敏捷效率问题,甚至是保证敏捷持续运行的重要发展途径。如前所述,没有自动化工具的支撑,持续集成框架难以为继;质量状态的跟踪如果不能自动化,其质量可视性将难以满足风险管理需要。因此,实施敏捷转型在自动化方面要有充分的规划和投入,包括全面自动化工作平台和全面自动化管理平台。前者如自动化测试、构建、部署等;后者如全面自动化管理平台,如看板、仪表盘等。图 4-2 展示了一个仪表盘示例。

质量的控制与保证是实现敏捷转型的重要保障。优质高效是敏捷实施过程中质量控制与保证的目标。实施敏捷后,产品质量的标准不仅不能降低,反而要更高,让客户对产品更加满意,这也是敏捷的初衷。低质量的交付是需要偿还的高息债务。迭代交付质量的高低是判断敏捷成败的重要指标。高效是对实现高质量产品的过程能力的要求,没有高效的过程,敏捷难以为继。因此,以低成本实现高质量,成为敏捷转型中组织自我质量改进的方向。与敏捷模式相适应的组织角色、过程框架以及自动化体系建设,成为实现敏捷转型的必要条件。

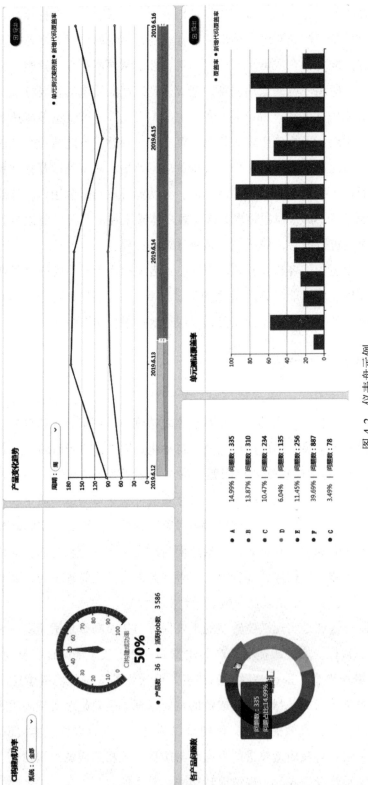

图 4-2 仪表盘示例

第 5 章

敏捷转型的工程实践

5.1 精益需求管理

《敏捷宣言》中敏捷十二条原则的第一条是:"我们最重要的目标,是通过持续不断地尽早交付有价值的软件使客户满意。"种种努力都是为了达到这一目标,但在实施过程中,仍然存在诸多障碍。如,需求变化复杂,存在大量不确定性;大规模产品需求难以拆分,多产品间的耦合严重等问题。这些障碍导致需求管理混乱,不能快速响应外部变化,交付高价值的产品。这一章节介绍产品设计过程中的需求管理,通过价值驱动,交付最高价值的产品,拥抱变化。

5.1.1 精益需求的意义

当今社会已进入信息数字化时代,技术渗透到生活的方方面面,引领着消费、生活、商业生态的革新。市场高度竞争,各行各业都在追求转变和创新。商业银行面对互联网金融机构的巨大挑战,也逐渐开始转型,提升自身应对外部变化的能力,增强企业创新能力。

由于外部环境复杂多变,需求也相应地存在着大量的不确定性和各类风险。图 5-1 展示了传统的计划驱动的瀑布开发模型,该模型要求需求范围相对明确,通过调整时间和成本来保证项目质量。该模式已经不再适用于需求快速变化的情况。图 5-2 展示了价值驱动的敏捷开发模型,该模型可以应对需求的不断变化,提升企业的适应能力，从而应对强大的市场竞争压力。

图 5-1 传统的计划驱动的瀑布开发模型

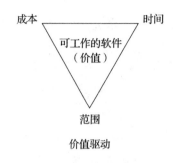
图 5-2 价值驱动的敏捷开发模型

在价值驱动的敏捷开发模型中，由于强烈的市场竞争压力，成本和时间是相对固定且有限的，这就需要调整需求范围来保证产品的高价值。但这并不意味着需求范围可以无限蔓延，而是需要按照优先级，明确每次交付的功能特性范围，力图始终以最小的投入，发布用户价值最大的产品。

然而，在需求管理的过程中，商业银行等传统金融机构面临更大挑战：一方面，系统之间耦合性较大，项目关联系统较多，但各部门之间存在较大隔阂，灵活改动和协同合作难度很大；另一方面，业务复杂度较高，业务逻辑和流程复杂，市场高度不确定，竞争激烈，需求变得更加易变、不确定，同时，金融业务对安全性和稳定性的要求，也在一定程度上限制了系统灵活应对变化的能力。

因此，在产品设计的过程中，更需要基于精益思想和设计思维的原则，综合考虑人、商业、技术三方面的因素，从用户的角度出发，同时也要考虑商业和技术的可行性，通过不断的验证假设、反馈循环找到产品与市场的匹配点，从而不断地交付高价值的、让用户满意的产品。如图 5-3 所示，需求管理的过程可以简单分为需求探索、需求实现、持续反馈三个阶段，以下分别介绍每个阶段的内容。

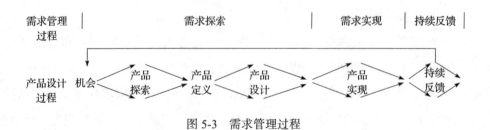
图 5-3 需求管理过程

5.1.2 需求探索阶段

需求探索阶段是一个不断发散探索、聚焦设想，通过不断聚焦得出最小规模的最高价值的功能范围，然后不断验证，循环反复的过程。

可以通过商业画布或电梯演讲等方式获取产品愿景，明确产品目标。通过用户画像、用户旅程地图等方法来进行发散探索，挖掘用户的需求，发现机会点。通过痛点分析和功能提取，聚焦完成产品定义。产品设计主要解决产品如何将服务传递给用户的问题，包括功能设计、原型设计，可以通过这一阶段获取一个看得见摸得着的产品设计，可以对原型进行打磨，优化功能和设计；产品交付阶段主要解决创意如何最终转化为产品的问题，包括用户故事拆分、MVP 梳理、优先级排序、简要估算，经过这一阶段，会得到一个明确范围的 1.0 版本的产品及其实施计划和初步的产品后续演进计划。

其中，对需求进行优先级排序的方法有多种，这里简单介绍 MoSCoW 优先级排序法模型。它有以下四种优先级。

- 必有（Must have）：必须有的，其前提是可投入资源是可以达到的，权重较高，约占 60%～80%。
- 应有（Should have）：应该去做的，用户有较大预期，用户想要的。
- 能有（Could have）：可根据版本规划适当地安排。
- 不要（Won't have）：是可以不做的，没有多大价值，需避免的。

在这四种优先级中，"必有"是权重最高的，必须做的，占到了一个版本需求的 60%～80%，但这并不是说"应有"和"能有"就不做。在技术变革和演进中，"应有"和"能有"也要预留一定的空间，保证产品不断地更新换代。

同时，推荐使用用户故事地图梳理需求，使用 MVP（最小化可行产品）梳理发布计划的方法。贾弗·巴顿（Jaffe Patton）在《用户故事地图》中介绍了这样的实践。用户故事地图横向梳理单类别用户在某一场景下的主要行为或操作流程，纵向拆分细化成具体的功能或细微的子流程。它以可视化的方式梳理需求，建立团队共识，帮助建立需求全景。一方面可以高屋建瓴地总览用户需求；另一方面在建立用户故事的过程中，用户需求被不断细化，便于制订发布计划。

MVP 指可以产生预期效果的最小发布方案，可以理解为：MVP 是验证假设的最小规模实验。因而，切分 MVP 应当以成果为导向，即希望接下来的发布达成什么样的目标？为了达成这样的目标至少要做些什么？聚焦于尽可能少的目标，以最快速度发布尽可能小的可用产品。让这样围绕目标的功能集合持续串行地传递给团队和用户。

5.1.3 需求实现阶段

在需求实现阶段,需要按照优先级来逐步实施需求,快速交付产品。商业银行的很多产品都存在规模较大、功能复杂的特点,也经常需要多团队协作实施,因此需求也需要进行产品级的需求管理。一方面可以建立产品级的需求管理工具,对需求的实施进度进行可视化管理,方便 PO 对需求进行全局把控,以免遗漏风险或者需求点;另一方面,也方便业务人员、团队成员等随时了解需求进度。

在需求的拆分和任务分配的过程中,开发团队也需要积极参与到过程中来,帮助 PO 及时识别依赖和技术风险,同时也需要尽量打造全特性的团队,来应对需求的不断输入,保证持续交付的能力,稳定快速地交付高价值的产品。

5.1.4 持续反馈阶段

在产品迭代过程中,持续获取市场反馈对产品取得成功至关重要。特别是在采用 MVP 规划策略时,需要通过市场反馈验证每个 MVP 的设计初衷和假设是否符合实际,产品的功能设计是否可以满足用户需求,并在后续版本中调整产品发展策略。

企业获取反馈的来源,可以是客户、业务人员、团队成员等各类相关方,同时也需要收集系统数据,进行各类统计分析。企业获取反馈的方式也很多,其中灰度发布就是一种以较低风险有效获取用户反馈的实践。

灰度发布是在旧版本与新版本之间实现平滑过渡的一种发布方式。在灰度发布过程中,让一部分用户继续使用旧版本功能,一部分用户体验试用新版本功能。如果用户对新版本功能的满意度较高,则逐步扩大新版本功能的使用范围,直到把所有用户都迁移到新版本上来;如果用户对新版本功能的满意度较低,则快速获取用户的反馈意见,改善新版本后,再继续进行灰度发布。

灰度发布的特点主要有:真实用户参与、使用真实生产环境和数据、新旧版本并行、发布范围可控、技术支持要求高。

灰度发布在互联网公司使用广泛,经过多年实践,形成了较为完整的灰度发布过程。灰度发布实施步骤如图 5-4 所示。

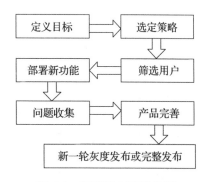

图 5-4　灰度发布实施步骤

其中，选定灰度发布策略是灰度发布实施过程中最为重要的一步。下面重点介绍一下灰度发布常用策略：

- 用户筛选策略：精准灰度 – 白名单、随机灰度 – 流量控制。
- 请求分流策略：协议层分流、App 请求 IP 地址分流、App 版本号分流。
- 灰度跟踪策略：灰度代码覆盖跟踪策略、灰度用户行为跟踪策略、用户问题/建议反馈跟踪策略。
- 灰度部署策略：灰度环境独立于生产环境、灰度环境和生产环境部署在同一服务器的不同端口。
- 新版本回退策略：为避免用户自行卸载安装客户端应用带来的客户流失，通常可采用"升级"另行发布"新"版本来实现回滚；对于单纯的客户端应用，回滚较为简单，难点在于服务端用户数据的无缝切换，因此，应根据服务灰度的具体场景，选取数据同步策略。

灰度发布是一种渐进式的投产过程，与传统方式差异较大，对于传统商业银行产品的适用性需要从多方面进行综合分析，商业银行在实施灰度发布时需要注意以下事项。

1. 评估产品实施灰度发布的适宜度

对于涉及账务、金融交易、监管类的产品谨慎选择，如选择此类产品，需有相应成熟的机制控制灰度发布范围。

对于需求不频繁、无版本快速投产压力的产品谨慎选择，对于传统开发、测试、投产方式可以满足需求的产品，不必实施灰度发布。

对于产品架构依赖关系复杂的，需分析相关产品是否实施灰度发布，如其他产品不实施，要谨慎选择，否则在后续实施灰度发布时会存在版本拆分问题，影响灰度实施效果，并且带来版本部署及配置风险。

2. 技术支持

灰度发布是一个过程，从产品开发设计阶段就需要构建灰度发布机制，并为顺利实施产品灰度发布的目标、策略、范围提供相应的技术手段支持。灰度发布在线上实施，对监控、信息收集和分析的要求较高。另外，无论灰度发布成功与否，为保证版本部署、数据一致性，均需要相应的技术支持。

3. 时间窗口

灰度测试可以理解为软件上线前最后一公里的测试，最大程度地在全面投产前尽可能多地发现之前测试没有条件发现的问题，目的是降低投产风险，因此内部测试、功能测试、投产演练测试并不能省略。灰度测试要在投产演练完成后在生产环境中实施。

4. 版本管理

在灰度发布过程中会频繁发布新的投产版本，因此版本管理过程需要严格按照配置管理要求执行。在决定产品实施灰度发布时，必须考虑灰度发布过程中的版本构建过程，必要时需要相应的工具支持。

通过上述方法获取各类反馈后，一方面可以对已有产品的功能进行验证和优化调整；另一方面，在获取反馈的过程中，也会挖掘到新的机会点，产生新的需求，可以开始新一轮需求探索的阶段，循环迭代，不断验证优化，从而交付高价值的产品。

5.2 主干开发

5.2.1 主干开发实践

为了保证高频快速交付，与源码控制匹配的分支策略至关重要。有三种常见的分支策略。第一，主干开发、主干发布。新的特性在主干上开发，开发团队不断向主干上提交代码，新功能需要发布时，将主干上的生产代码部署到生产环境上，其优点在于应用简单，分支管理工作量少。第二，主干开发、分支发布。新的特性在主干上开发，但是当新特性快要发布时，创建一个分支，在分支上进行测试和改进，发布时发布分支上的版本。第三，分支开发、主干发布。在当前主干上拉出分支，在分支上开发新的特性，在特性即将发布时，将特性合并到主干上，验证质量，然后发布。这是一种最为常见的分支模式。

敏捷试点伊始，团队采用"分支开发、主干发布"模式，但这在两周一个迭代的高频交付下，会使团队陷入困境：一方面，团队在同一个迭代中的多个分支上工作，这既对开发测试环境提出更高的要求，也要求团队必须保证每段代码被提交到正确的分支上；另一方面，使用分支进行多版本并行，需要付出版本追平的代价。动辄几天的追平和回归测试，在节奏缓慢、低频发布的传统软件开发中尚可接受，但在高频的迭代发布中无法被容忍。因而，团队很快将开发模式转向了"主干开发、主干发布"，而这一模式对团队提出了如下几点要求。

1. 良好的测试工艺和内建质量

首先，完成测试是产品发布的必要前提。快速交付要求任何一个新的特性在上线前要快速有效地完成测试。如果测试时间过长，会因开发在当前时间点的等待而造成产能浪费，因此良好的测试工艺是对快速交付团队的必要要求。

质量并不是由测试人员"测出来"的，质量不只存在于最终的软件交付物中，更存在于构建它的过程中。因此，如果想保持快速交付，内建质量是更需要关注的内容。全员质量责任意识、测试前移和持续集成等尝试，均是提升内建质量的有效举措。

如果由于追求缩短测试周期，导致产品质量下降，出现生产问题时，"主干开发、主干发布"策略该如何应对？由于是快速发布，团队可以选择在下一次发布中修复问题，这需要业务可以容忍问题延迟修复，也对交付节奏提出了要求。交付频率越低，这个方案的可行性也越低。除此之外，团队也可以从上一个版本基线拉出一个分支修复问题，但这打破了主干开发的原则，不得不重新面对分支产生的浪费，但热补丁（Hot-Fix）分支也是一个常用的实践。

2. 需求串行

需求串行是指需求按照优先级顺序进行开发和发布。需求串行是持续交付的先决条件。要想保证需求串行，需要做到两点：明确的需求优先级和相对均匀的需求粒度。整理后的需求以版本计划的方式呈现出来。

团队必须保持在当前版本（下一次发布的版本）中开发当前优先级最高的需求。优先级解决了取舍问题。

此外，这些需求必须被处理得足够小。一个过大的需求，需要很长时间才能发布，这会造成一个问题，即团队会进入一个"封闭期"，丧失接受变化的能力。如果在这个需求实施一半的时候，出现了优先级更高的需求，团队会进退两难。团队要么等待这个需求完成，要么从上个基线重新拉一个分支进行新需求的开发。因此，粒度足够小的需求非常关键，否则团队很可能为它付出代价。

此外，使用需求串行来保证主线开发，最重要的是在管理思路上，要跳出版本的传统管理思路，摆脱"前紧后松"的开发方式，摆脱"早启动，早完成"的老经验、老直觉。

传统上"早启动，早完成"的开发方式，在早期一下子启动大量需求，会导致大量并行开发。这一经验和直觉发生的本质是管理者在巨大的进度和人员紧缺压力之下，不愿意直接针对真实情况和本质问题采取措施，转而追求一种虚假的安全感。其结果是，管理者自己安心了，却给开发团队带来大量的任务切换成本和分支合并等无效工作量，让开发团队更加忙乱。而低质量的产品要在几个月后才给出无情的反馈。"管理中往往只有两种选择：一种是正确的，一种是容易的。"要做到主线开发并不容易，需要改变意识，减少主动的并行开发。

"所有不愿意或者质疑采取主线开发的团队和个体，基本上是没本事做到主线开发的。"这句话可能说得绝对了一点，但是基本上是正确的。

主线开发和流水线相互配合，能为快速实现持续交付提供基本保障。

3. 与其他系统的低耦合

通常，在面临与其他系统的合作时，会约定一个共同的交付时间点，然后采取主干开发，团队按照这个时间点尽可能晚地开始实施，以保证团队在等待当前版本上线方面不会浪费时间。这样会导致风险更加难以控制，如果团队在开发过程中遇到阻碍，将可能影响整个项目的及时上线。此外还面临另一个风险，那就是由于合作伙伴遇到了困难，导致本团队的版本无法交付，进而影响后续需求的实施。因此，主线开发比传统开发更需要降低与其他系统的耦合。

5.2.2 特性开关

即便团队竭力提升自身能力，加强工具建设，力保产品质量，依然无法避免大的需求或者与其他产品有合作，可以使用特性开关（Feature Toggle 或 Feature Flag）解决这些问题。

特性开关是一种可以在软件运行时控制软件特性打开或关闭的技术。它最初的出现是为了支持主干开发，向用户隐藏未完成的特性。特性开关可以动态修改特性的发布情况,这种灵活性被用来解决很多问题。比如,实验开关通常用来做 A/B 测试,运维开关可用于在高负载下进行服务降级,权限开关可支持不同级别的会员享受不同的服务等。这里介绍的特性开关,主要是发布开关(Release Toggies),用于分离"部署"和"发布",它是团队保持主干开发、主干发布的利器。图 5-5 展示了四种特性开关比较。

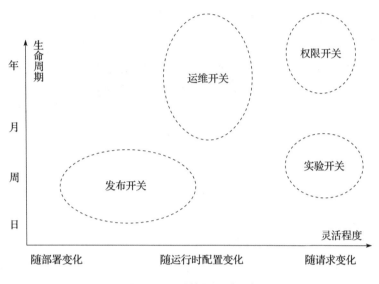

图 5-5　四种特性开关比较

特性开关在实现上是通过配置文件中的字段值控制代码逻辑,从而达到关闭或打开一个特性的目的。特性开关可以关闭一个仍在开发的功能,使得新的版本发布后,这部分代码不会影响用户使用;也可以关闭一个完整的功能,然后随时发布。它可以用来解决在主干开发、主干发布中遇到的很多问题。

当团队遇到规模比较大的需求时,可以选择在特性开关中进行开发。这样有两个好处:第一,降低了最终发布风险,新功能上线后可以便捷地重新关闭。第二,可以保持团队的灵活响应能力,随时承接新的需求。当处在大规模需求的"封闭期"时,主开发团队一旦接收到更高优先级的需求,可以灵活安排迭代开发的故事,摆脱进退两难的处境。

特性开关同样可以应用于解耦。通过在开关内开发,可以提前部署与其他系统进行耦合的功能,在其他系统上线时再发布这些功能。这样既可以提早开发,避免本产品功能进度延迟的风险,同时还可以不用考虑其他产品能否如期交付。需要注意的是，不应该为了使用开关技术而过早地开始开发一个长时间关闭的功能，这样有损开发团队输出价值的能力。

特性开关在使用中同样面临诸多问题。首先，引入开关会大大增加测试难度，特别是在系统间耦合性高的情况下，开关的不同状态需要在不同环境中进行测试；其次，特性开关的开发、清理和清理后的测试都需要付出相应代价。

在开关使用时有以下五个原则：
- 在满足业务需求的前提下，尽可能少地使用开关技术。
- 在"分支"和"开关"之间选择时，尽可能选择开关技术。
- 软件团队应对开关配置项进行统一管理，方便查找和查看状态。
- 尽可能使用统一的开关框架和开关策略。开关策略是指开关的定义、命名，以及如何配置。
- 定期检查和清理不必要的开关。

5.3 自动化测试

5.3.1 自动化测试理念

自动化测试是软件测试工作的一部分，是对手工测试的一种补充。自动化测试是相对手工测试而存在的，主要通过软件测试工具、脚本实现，具有可操作性良好、可重复性强和效率高等特点。自动化测试具有如下优点：
- 减少重复工作，降低手工测试强度。
- 解决手工测试无法开展的问题。
- 提高测试质量，避免人为疏漏。
- 合理利用资源，延长工作时间。

虽然自动化测试给工艺流程带来很多好处，但是自动化测试的推动过程并不是一蹴而就的。刚开始接触自动化测试，容易进入以下误区：自动化测试可以完全替代手工测试；采用自动化测试了，我要马上压缩测试进度，立即节省测试工作量；通过自动化测试能够发现大量的新缺陷。为了避免走入误区，让自动化的推动过程科学合理，下面介绍自动化测试通常遵循的一些原则。第一，遵守测试金字塔模型，即自动化测试工作应该集中在投资回报率较大的测试金字塔底层部分，优先开展代码级别的测试工作，尽可能提高该级别的覆盖率；第二，功能、业务流程级别的测试，应优先实现产品各类功能的主流程测试场景的自动化，保障在迭代开发、快速交付过程中关键功能的质量稳定。图5-6展示了测试金字塔模型。

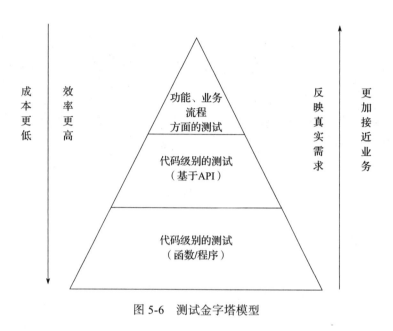

图 5-6　测试金字塔模型

需要特别强调的是，敏捷产品的持续集成必须包含自动化测试，以实现迭代测试持续、快速地反馈。

5.3.2　自动化测试管理

在自动化测试的实施与管理方面，工作主要集中在投资回报率较大的单元测试、组装测试，弱化了界面UI功能的自动化测试，这样做可以最大程度获得自动化效益。

在自动化测试的发展过程中，根据自动化测试规划、方法、工艺、资产、度量和人员等发展程度的不同，可以通过成熟度来对自动化级别进行管理。例如，某国有大型银行就将自动化测试成熟度模型分为原生态期、哺育期、成长期和成熟期。图5-7展示了该模型。

根据自动化测试成熟度模型，在管理手段上，一方面以效能、效果、效益为出发点，建立效能驱动的自动化测试评价与度量指标体系；另一方面要加强测试人员技能的专业化培养，不断提升自动化测试队伍精细化管理的水平。

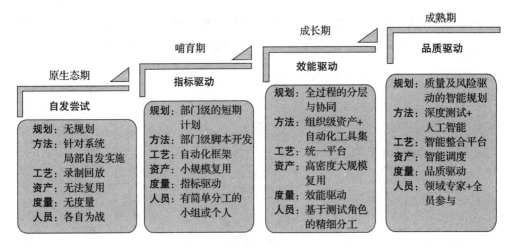

图 5-7 自动化测试成熟度模型

在工艺改进上，形成整体性、组织级的自动化测试资源与资产，优化资产管理，提高资产复用率；持续改进自动化技术工艺，加强新领域的研究，扩展自动化应用范围；建设自动化测试平台，整合自动化资源，提高自动化测试执行效率。

5.3.3 自动化测试工具

良好的自动化测试离不开合适的工具支持。随着自动化测试的发展，业内涌现了很多自动化测试工具，包括代码复查、代码覆盖、单元测试、组装测试、性能监控、模拟器等，可以满足在不同场景、不同工艺情况下的各种自动化测试需求。下面介绍几种常见的自动化测试工具及其特点。

1. RobotFramework 自动化工具

RobotFramework 是一款关键字驱动的开源自动化测试框架。该工具通过目录和文件组织管理脚本，使用测试库中实现的关键字来测试运行的程序。表 5-1 展示了该工具的优缺点。

表 5-1 RobotFramework 优缺点对比表

优点	（1）轻量级工具，接口调用方法较为人性化，安装配置简单，易于上手 （2）支持工具库丰富，可对接多种类型的测试需求（支持 Selenium、HTTP 协议库 -RequestsLibrary、SSH 等多种 Python 测试库） （3）可封装关键字，自定义程度较高 （4）工具开源，网络资源较丰富
缺点	（1）脚本单点维护与管理，难以形成组织级资产 （2）无案例管理功能，不能和案例管理模式对接

2. Postman 自动化工具

Postman 是一种网页调试与发送网页 HTTP 请求的报文模拟工具，可模拟 get、post 等多种请求方式来测试接口。表 5-2 展示了该工具的优缺点。

表 5-2　Postman 优缺点对比表

优点	（1）轻量级工具，接口调用方法较为人性化，安装配置简单，易于上手 （2）可作为浏览器插件与浏览器本身集成 （3）与开发文档对接，可自动生成可执行脚本 （4）工具开源，网络资源较丰富
缺点	支持协议类型比较单一，只针对 HTTP 协议

3. ATFS 自动化工具

ATFS 自动化测试系统是模拟界面操作，执行端到端自动化测试的工具。该工具基于 Selenium 工具库，封装后成为关键字驱动的自动化测试工具。ATFS 自动化测试系统包含控件管理、脚本分层管理、数据分离管理、脚本调试与执行等功能，常用于界面类（包括客户端及 IE 浏览器）的测试。表 5-3 展示了该工具的优缺点。

表 5-3　ATFS 优缺点对比表

优点	（1）控件定义灵活多样，可进行客户化开发 （2）实现数据驱动，数据和脚本相分离，降低脚本维护成本 （3）支持多种外部设备，满足多种测试场景 （4）适合界面验证类场景的测试
缺点	（1）基于界面模拟操作，执行效率较低 （2）脚本编写与维护工作量较大 （3）界面变更对其影响较大

5.3.4　TDD 与 BDD

随着测试的发展，有两种敏捷测试方法取得了良好的效果，成为敏捷开发模式中比较流行的方法。

TDD（Test Driven Development），即测试驱动开发，它是肯特·贝克在其极限编程方法论中向大家推荐的一种实践。基本思想是在开发功能代码之前，先编写测试代码，然后再编写使测试通过的功能代码，从而以测试来驱动整个开发过程的进行。

有别于先编码、后测试的开发过程，TDD 在编程之前，先写测试脚本或设计测试用例。这样做的好处是，让开发人员对所做的设计或所写的代码有足够的信心,同时也可以快速地进行重构,有利于快速迭代、持续交付。

TDD 的具体实施过程可以分作两个层次,一个是在编码之前编写测试脚本,以单元测试驱动开发;一个是在进行需求分析时就明确需求(如用户故事)的验收标准,即验收测试驱动开发。一般 TDD 的执行过程如图 5-8 所示。

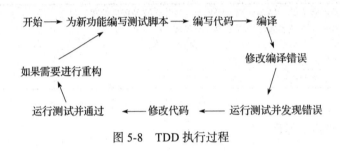

图 5-8　TDD 执行过程

BDD(Behavior Driven Development),即行为驱动开发,它将设计作为核心,用系统行为的定义来验证实现的代码,从而驱动开发过程。

BDD 也可以看作是 TDD 的一种补充或一个分支。TDD 并不能保证根据设计所编写的测试就是用户所期望的最终功能。BDD 通过将需求实例化,让开发、测试、客户等都可以在这个基础上达成一致,使得研发团队能够更好地理解业务目标,从而更好地满足产品经理或客户的产品需求。

5.4　自动化部署

5.4.1　部署活动

构建活动结束之后,输出结果是二进制包。将二进制包安装到一台新机器上,并进行正确的环境配置,称为部署活动。通常,部署活动可能包含以下内容:

- 为应用程序打包,如果应用程序的不同组件需要部署在不同的机器上,则分别打包。
- 安装和配置过程。
- 验证部署是否成功。

5.4.2　部署流水线

创建一个部署流水线,通常需要以下步骤:

- 针对价值流建模，创建一个可工作的框架。
- 将构建和部署流程自动化。
- 单元测试和代码复查自动化。
- 自动化验收。
- 自动化发布。

部署流水线定义为软件从版本控制库到用户手中这一过程的自动化表现形式。需求的每一次变更，都需经过一个复杂的流程才可以发布。这一流程包括代码提交前检查、检出、代码编译、代码静态检查和不同阶段的测试与部署。这些活动通常需要多个人或者多个团队之间的协作。

结合团队的开发和协作流程，定义出适用于该团队的部署流水线，使开发到发布的流程自动化。每次代码变更后，可以直接从版本控制系统中拉取变更，进行测试与部署，待测试和部署检验通过后，将产品交付给用户；如果测试或部署失败，则即刻将错误反馈给开发或测试人员，便于其快速发现问题和定位问题，并进行修复。

部署流水线可以应用在如下阶段：

- 提交阶段。这一阶段指从开发人员提交到版本控制之前的阶段。在该阶段可进行代码格式检查、代码单元测试等，保证只有符合代码规范，且单元测试成功的代码才允许提交到版本库。
- 自动构建阶段。代码提交后，即刻进入自动构建阶段，进行编译、静态代码检查、单元测试、动态代码检查和组包等活动。
- 自动化验收测试阶段。自动化验收测试阶段是指从制品库中拉取版本包，并从功能和非功能的角度对产品进行测试，验收产品是否可以工作。
- 手工测试阶段。在部署完成后，测试人员还可以对部署完成之后的系统进行探索性测试和用户验收测试等。
- 发布阶段。当之前的阶段都符合要求后，可将产品直接部署到生产环境或试运行环境中，实现产品的最终交付。

目前业界比较流行的几款持续集成工具有 Jenkins、Buildforge、团队 City、Bamboo、GitLab CI 等，它们可快速完成部署流水线的定义和实现。

部署流水线是一个有生命的系统，随着不断改进交付流程，部署流水线也应该不断变化，并进行改善和重构，就如改善和重构要交付的应用产品一样。

5.4.3 商业银行自动化部署流水线实例

国有大型商业银行通常业务品种多且产品架构复杂,其业务类型分为传统银行类和互联网金融类,主要的技术架构为传统集中式和新兴分布式,各层业务的交付节奏不同,需要在组织级流程进行协调。

通过建设自动化部署流水线,可实现开发、测试、运维环节中各活动的自动化。选择与 IT 环境兼容的应用程序自动化工具集,可缩短时间、减少错误并降低成本。在应用程序源代码开发、构建、组包、部署、测试等环节采用自动化手段,可提升开发人员和运维人员的工作效率。

商业银行部署流水线包含:部署前环境检查,建立统一的组件模板,实现版本部署前的环境检查和验证功能;完善产品的规范化、标准化部署流程;通过规范版本组包规则,实现版本导入、参数配置、自动部署和技术验证等工作的标准化、自动化;在企业中深入推广应用,提升部署效率和质量。

可以根据企业内部不同应用系统的特点,建设多条企业级部署流水线。例如,搭建适合大型主机系统的部署平台、适合 AIX 系统的部署平台,以及适合分布式系统的部署平台。在统一部署平台的选择上,可以采购业界较为成熟的部署工具,也可以由企业根据应用产品的特点自主开发部署工具。如某大型商业银行共搭建了六条自动化部署流水线:基于 ZOS 应用系统的部署流水线;基于 AIX 应用系统的部署流水线;基于 X86 应用系统的部署流水线等。企业开发的不同应用产品可以根据自身特点,选择不同的部署流水线,实现快速交付。

5.5 持续集成

5.5.1 持续集成介绍

持续集成最早出现在肯特·贝克写的《解析极限编程》一书中,是肯特·贝克在极限编程中描写的 12 个核心实践之一。2006 年,马丁·福勒对持续集成做了明确的定义,将持续集成描述为一种软件开发实践。在持续集成中,团队成员频繁集成他们的工作成果,一般每人每天至少集成一次,也可以多次,每次集成都会经过自动构建(包括自动测试)的验证,以尽快发现集成错误。许多团队发现这种方法可以显著减少集成引起的问题,并加快团队合作软件开发的速度。

随着马丁·福勒论文的引入和发布，国内掀起了持续集成理论和实践讨论的高潮。ThoughtWorks 中国在持续集成领域也有很多发展和成效。随着软件工程的发展，持续集成的理论和实践都得到了极大的丰富。最初的持续集成是指基于某种或者某些变化对系统进行的经常性的构建活动，现在把其定义为狭义持续集成，主要包括持续检查、持续编译、持续验证、持续部署、持续基础设置、持续报告等六个方面。而随着互联网应用对快速交付的要求，逐渐发展起来的持续集成被定义为广义持续集成。广义持续集成不仅包括传统意义上的构建，还包括配置管理、需求管理、审核与测试、自动发布等。广义持续集成作为敏捷管理思想的落地工具，承担着保证产品质量、提升团队效率的职能。

持续集成的目标是让正在开发的软件一直处于可工作状态。结合敏捷 Scrum 的高度透明、检验、适应三个特性，持续集成将思想落实到工具体系上就是"检验、集成、可视、反馈"，依托工具体系管理软件产品的内部质量并为团队提供信息传递、反馈机制，让项目运行数据在组织负责人、中层管理人员、一线员工间快速传递。广义持续集成工具体系价值要求如下：

- 持续集成提高软件可见性，缩短反馈周期。
- 软件开发过程中各个环节接口很难无缝对接，通过在传统的持续集成中引入代码自动审计工具、自动化测试工具、代码性能工具等测试工具，能够从不同的方面检查软件内部质量和大部分外部质量。通过测试前移，降低 Bug 修复成本。
- 通过工具减少人员操作、避免人为失误。
- 通过工具代替部分人工操作，提升效率，减少人工操作失误的可能性。
- 持续集成在执行期间，会产生很多的数据，这些数据都是从某个侧面描述项目运行或产品当时某方面属性的。工具体系要能够收集并整理数据。

从功能上，持续集成工具体系应该包括以下功能。

- 版本控制。减少版本冲突，降低项目合并和集成难度，保证所有代码能够持续集成。
- 自动化构建及发布。将重复性手工过程自动化，提高生产效率；保证持续频繁的构建及发布，尽快发现集成错误；随时产生可部署软件。
- 自动化测试。降低重复测试的成本；将问题提前暴露，最大限度地减少风险，降低修复错误代码的成本；提高软件质量；建立反馈机制，使问题能够第一时间反馈给直接干系人，从而使其快速得到解决。

本节提到的持续集成为狭义的持续集成工具体系，即在一个敏捷项目中建设一个能够支持 Scrum 团队运行协作的工具体系，帮助开发人员、测试人员在开发过程中更好地协同合作。借助持续集成，可以使敏捷产品在开发阶段频繁集成、频繁测试和频繁反馈及修复，让正在开发的软件一直处于可工作状态。

5.5.2 持续集成建设关键点

无论采用哪种敏捷实践，对于软件开发团队，有几个流程是必需的：需求与任务管理流程、编码流程、测试流程、集成管理流程。事实上，由大规模团队开发的软件，如果没有持续集成，绝大部分功能在开发过程中基本上处于不可用状态。为了进行持续集成，需要进行需求管理、构建管理、测试管理和集成管理等。

进行持续集成，需要进行持续集成平台建设。结合软件开发的主要流程，持续集成平台建设应包含如下几点：需求管理、配置管理、部署流水线、基础设施和环境管理、数据化和可视化、快速反馈和持续改进等。持续集成平台建设将这些单一孤岛的流程进行集成管理，实现从需求管理到产品交付的端到端无缝衔接与价值交付。接下来将逐一介绍持续集成平台建设中涉及的几个关键点。

1. 任务管理

在敏捷 Scrum 开发团队中，需求管理从故事待办列表开始。PO 为需求管理的重要输入人员。PO 从业务部门获取到需求之后，进行需求分析、故事拆分、故事待办列表优先级的调整、故事验收点的维护等，然后将故事待办列表输入开发团队中。开发人员共同完成故事的估点，故事任务拆分等。为了实现 PO、开发人员和测试人员的共同协作及需求更新的共享，需求开发的流转可视化极其重要。需求作为软件开发的重要输入，也是持续集成的重要输入，是持续集成形成闭合反馈环的关键点，由此可见需求管理至关重要。

业界敏捷产品需求管理多数使用 Jira 作为任务管理工具来进行故事、任务的管理。Jira 是 Atlassian 公司出品的一款用于项目与事务跟踪的商业工具，可广泛应用于缺陷跟踪、客户服务、需求收集、流程审批、项目跟踪和敏捷管理等。它可与代码审计、文档管理等多个工具进行集成。在敏捷活动中，PO 在 Jira 中维护更新故事待办列表，开发人员在 Jira 中进行任务分解，移动任务卡，及时更新任务完成状态。测试人员同时进行案例编写，在开发人员完成一个故事的开发后及时进行案例测试，如果发现 Bug，及时在 Jira 中进行 Bug 的录入及跟踪测试。

持续集成通过 Jira 进行任务管理，获取任务来源，并且建立故事、任务与代码、功能的连接，对需求的实现进行端到端的追溯及跟踪。

2. 版本管理

在开发人员对需求进行开发的过程中，会产生产品代码、测试代码、构建与部署脚本、产品相关文档等。在产品开发的过程中，为了开发人员能更好地沟通协作，需要对这些交付物进行规范化管理。这些与产品相关的交付物必须提交到一个版本控制库中，对其进行配置管理，这样开发人员就可以通过配置库进行产品代码的获取、提交和集成。

持续集成平台可以通过拉取产品代码、测试代码和部署脚本等完成产品的自动构建、自动测试和自动集成。如果没有统一的代码配置管理、发布配置管理，持续集成的工作根本就不可能开展。代码作为持续集成体系的源头，只有做好分支策略，让开发人员有序地提交和维护自己的代码，持续集成平台才能正确检出正在开发的代码，进行后续的工作；只有统一发布配置管理，才能让自动部署、自动发布成为可能。

业界比较流行的版本控制系统有 Subversion、Github、Gitlab、ClearCase 等。持续集成平台通过与这些版本控制系统集成，从版本控制系统中拉取代码、测试代码和部署脚本，完成产品的自动构建、自动测试和自动部署。版本控制系统是持续集成构建的重要起始输入，要实现自动化构建，就需要做好版本控制系统的配置管理。

3. 构建流水线

杰斯·亨布尔和大卫·法利（David Farley）的《持续交付：发布可靠软件的系统方法》一书将部署流水线定义为软件从版本控制库到用户手中这一过程的自动化表现形式。需求的每一次变更，都会经过一个复杂的流程才可以发布。而在狭义的持续集成中，代码提交到代码部署的流程，可以定义为构建流水线。这一流程包括代码提交前检查、检出、代码编译、代码静态检查和不同阶段的测试与部署，这些活动通常需要多人或者多个团队之间的协作。

持续集成平台需要结合团队的开发和协作流程，定义出适用于该团队的构建流水线，使开发到发布的流程自动化。每次代码变更后，持续集成平台可以直接从版本控制系统中拉取变更，进行测试与部署，待测试和部署检验通过后，再将产品交付给用户；而如果测试或部署失败，则即刻将错误反馈给开发或测试人员，让开发人员快速发现和定位问题，并进行修复。

持续集成通过构建流水线将产品部署自动化之后，产品就可以快速、重复且可靠地进行集成部署，随时查看产品是否处于可工作的状态。

构建流水线通常包括如下几个阶段：

- 提交阶段。这一阶段指开发人员提交到版本控制之前的阶段。在该阶段可进行代码格式检查、代码单元测试等，保证只有符合代码规范，且单元测试成功的代码才允许提交到版本库。这一阶段在代码入库之前，就对代码进行了严格检查，只有满足要求的代码方可提交入库，从代码源上保证了代码的质量。这可以帮助开发人员在本地开发阶段和代码提交流中发现代码中的问题。
- 自动构建阶段。代码提交后，即刻进入自动构建阶段，进行编译、静态代码检查（包括代码规范检查和安全检查等）、单元测试、动态代码检查和组包等活动。这是代码提交之后，第一次在集成环境对代码进行检查和测试，可帮助开发人员快速发现集成问题。
- 部署阶段。当之前的阶段都通过后，可将产品直接部署到开发或测试环境中，实现产品的部署。在集成环境中的部署，不仅可以进行功能性的自动化测试，还可便于迭代内测试人员进行验收性测试。
- 自动化验收测试阶段。自动化验收测试阶段从制品库中拉取版本包，并从功能和非功能角度对产品进行测试，验收产品是否可以工作。
- 手工测试阶段。在部署完成后，测试人员还可以对部署完成之后的系统进行探索性测试和用户验收测试等。

如果将所有阶段都放入构建流水线中，会出现反馈周期长的问题，涉及的干系人过多，不利于快速反馈、快速发现问题。因此，在敏捷团队中，会根据反馈周期、反馈频度、反馈目的要求，定义不同的构建流水线，进行分别构建，福勒称之为"分阶段构建"，如可以将流水线分为开发流水线、测试流水线和部署流水线等。开发流水线主要面向开发人员，关注代码集成、代码编译、代码静态检查和自动化单元测试等，帮助开发人员完成集成，并快速发现集成中遇到的问题。该流水线要求提交及构建的反馈周期在五分钟左右。测试流水线主要用于持续集成内部本身，完成全链路的测试与检查、自动构建和自动检查，无人工干预，当发现问题时才需要将结果反馈给相应的开发人员和测试人员。该流水线采取定时构建的方式，每两小时检查一次，如有代码变更则自动构建。部署流水线主要面向迭代内测试人员，从配置库中拉取版本包，将相应的版本包部署到测试环境中，并进行相应的版本回退管理等。该流水线可以为功能性和非功能性的自动化测试提供稳定的环境，它要求定时构建或测试人员手动触发构建。

目前业界中比较流行的几款持续集成工具有 Jenkins、Buildforge、团队 City、Bamboo、GitLab CI 等，这些工具可快速完成部署流水线的定义和实现。

4. 快速反馈

持续集成将部署和发布流程自动化之后，就需要将构建的结果快速精确地反馈给相关人员，便于干系人进行决策与行动。反馈是持续集成的关键输出，如果没有反馈，则无法让持续集成向相关人员提供信息，持续集成的成果将没有作用。持续集成平台要将正确的信息在正确的时间以正确的方式反馈给正确的人，才能触发快速而准确的行动。通过快速反馈，可以及早发现集成中的问题，减少问题或风险引入与解决之间的间隔时间，减少修复成本，有助于提高产品质量和减少风险。

持续集成可以利用的反馈机制有电子邮件、文本消息、报警指示灯、大屏显示屏等。这些反馈机制可以相互结合使用，使团队从多维度、多视角快速获取到反馈信息。

5.5.3 持续集成实践

持续集成通过自动化简化了产品的发布流程。要实现自动化就需要满足一些规范和标准。持续集成不仅是一种技术的实现，还是一种组织上和文化上的实现。持续集成最终的落地实施离不开人的参与，特别是开发人员、测试人员和维护人员，他们需要共同遵守一些开发实践来满足这些规范和标准，才能更有效地发挥持续集成的作用。下面简单介绍一些可以让持续集成更好发挥作用的关键实践。

1. 维护一个单一代码库

软件开发会产生大量的交付物，如产品代码、测试数据、测试脚本和部署版本等，这些交付物共同作用，最终才得以实现产品的交付。当有多个开发人员共同参与产品开发时，需要对这些交付物进行协同操作。如果这些交付物使用本地磁盘或是共享磁盘进行管理，它们的获取、更新、维护、集成与跟踪就会变得混乱无序。如果产品的交付物无法做到统一有序管理，就需要耗费大量的时间和精力才能实现产品的集成与部署，并且容易遗留下隐藏问题。因此，需要将这些交付物放到统一的版本控制系统中，用于进行文件的版本管理、分支管理和冲突管理等，便于开发人员的沟通协作。维护一个单一的代码库，解决了团队开发人员的沟通协作问题，同时也保证了产品的交付物的安全管理。

将所有构建需要的东西放到代码库中，也是使持续集成成为可能的最基础实践。只有将构建所需的东西都放在代码库中，才可能在开发人员提交变更时，使持续集成系统自动从代码库中获取相应的代码及脚本等，进行版本的构建、测试、集成与部署；如果构建出现错误，持续集成系统可以通过版本库，拉取正确版本，进行版本回退部署，保证产品一直处于可工作的状态。维护一个单一的代码库，是实现持续集成的必要前提。

2. 频繁少量提交代码

要进行集成，就需要进行协作交流。当基于同一个代码库进行开发时，开发人员就不可避免地会遇到协同问题，如文件提交冲突、代码集成错误等，同时，持续集成的一项中心原则就是"早集成，常集成"，开发人员只有频繁集成，才能频繁进行测试，验证产品在变更后是否还处于可工作的状态。

等待大量代码修改之后才向版本库提交代码，将会遇到集成难度大、冲突大、问题多、定位难、耗时长等问题。使用频繁少量提交代码的方式，可以帮助解决共同维护同一个代码库可能带来的冲突问题。通过频繁少量提交，可以使开发人员及时看到和获取开发过程中所有的变更，及时同步代码，减少提交冲突和代码集成错误的可能性；如有冲突，频繁提交可快速发现自己代码与他人代码之间的冲突，有助于及早发现问题；并且，少量提交还可在更少的提交中锁定问题。

文件提交可能导致的代码集成错误，可以帮助产品快速暴露集成问题。少量多次的集成比大量少次的集成更易发现问题，并能减少修复成本。

频繁少量提交的另一个好处就是，当版本集成部署失败时，可以快速回退到之前的正确版本，使产品一直处于可工作的状态，且保证了尽可能新的版本功能。

对于持续集成来说，频繁少量提交还可以进行快速集成、快速测试和快速部署，帮助开发人员快速发现问题和定位问题，以便快速修复，最终让代码的每一个变更都尽早地集成并被验证，使每一个变更都尽可能让产品处于可工作状态。

频繁少量提交需要注意以下事项：

- 尽可能小的变更。实现尽可能小的变更，为这些变更编写测试和实现代码，然后向版本库提交代码，保证产品的完整和正常运行。
- 在每个任务完成之后即刻提交。在敏捷产品开发中，任务已被拆解得尽可能小，开发人员数小时就可完成，并且每一个任务都能够保证产品的完整性。因此，开发人员在开发完成后，应该立即提交代码，而不应该在开发完成多个任务后再提交代码。尽早集成，尽早解决问题，减少集成问题和集成难度。

- 遵守完整的持续集成代码提交过程。维护同一个代码库，便于功能的随时集成、测试和部署，保证随时可见程序是否处于可工作状态，达到持续集成快速反馈、快速发现问题、快速分析和修复问题的作用。这要求代码库中的代码随时都是可集成编译、可测试、可部署的。

开发人员在提交代码到代码库中进行代码集成时，经常遇到以下问题：提交代码文件遗漏，导致代码集成编译不通过；未及时更新最新代码，导致大量提交代码冲突；修改文件后，未做本地测试，将本地错误代码直接提交到配置库，一直延迟到集成时才发现代码编译错误或其他构建错误问题，成为其他开发人员提交代码的瓶颈；本地测试案例未构建，集成环境测试失败等。

当频繁提交时，这些问题变得更为频繁和突出。为了解决此类问题，代码的提交需要遵循一定规则，尽量避免和减少由于操作不规范而导致的代码集成问题，保证每次提交的代码都是正确的可运行的代码。马丁从开发流程的角度介绍了一次完整的持续集成约束下的代码提交过程。图 5-9 展示了马丁对成功集成的定义。

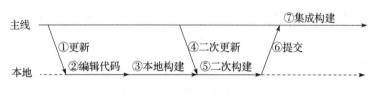

图 5-9　完整提交流程示意图

图 5-9 描绘的完整提交流程由以下各部分组成：

①**更新**。在编辑代码前，先将版本控制库的最新代码更新到本地。

②**编辑代码**。保证是最新代码后，即可在本地编辑代码。

③**本地构建**。编辑代码后，进行本地构建（包括静态代码检查、编译、测试、打包、部署），确定本地代码能够正常运行。

④**二次更新**。再次更新，将版本控制库中的代码与自己本地代码进行合并，如有冲突则进行解决。

⑤**二次构建**。将合并后的代码进行再次构建验证，检查合并后的代码是否能够

构建成功。如果成功，则可以进行第⑥步；否则重复第②到第⑤步。这样能够保证不提交无法构建的代码，充分实现问题早发现早修复的原则。

⑥ **提交**。在第⑤步构建成功后，将本地变动提交到版本控制库中。注意，提交的一定是一个完整的修改集，即如果同时修改了多个文件，要一次完成提交。

⑦ **集成构建**。在持续集成环境下进行集成构建。如果构建成功，则表示本次代码编辑提交成功；否则，定位集成失败的原因，重复以上过程。

3. 密切关注持续集成反馈结果

持续集成可帮助开发人员快速集成、快速测试和快速反馈，大大减少了开发人员的集成时间。但要让持续集成真正发挥作用，就需要开发人员对持续集成反馈的结果做出快速响应。这样开发人员才可能利用持续集成反馈结果指导产品的开发。开发人员在开发过程中需要时刻把持续集成的反馈结果当成指导开发的指示灯：红灯停，绿灯行，黄灯请慢行。

红灯停：构建失败之后不要提交新代码。当持续集成平台构建失败后，应进行红色预警。此时开发人员应该停止当前工作，将问题解决，恢复绿色构建之后，才可以继续新功能的开发并提交代码。持续集成不允许构建失败后，还向版本控制库中提交新代码。对反馈结果的忽视将使持续集成失去意义。

绿灯行：当产品构建正常，功能运行正常时，持续集成平台可绿灯显示产品一切正常。看到绿灯显示的信息，开发人员可放心地进行新功能的开发。

黄灯请慢行：构建出现黄色预警时应该走查总结出现问题的地方，并列出解决计划。当有黄灯警示时，代表产品虽能正常运行，但质量未达到目标要求，此时应该慢下来考虑提升代码质量，不能一味进行功能开发，忽略代码质量问题。

持续集成反馈结果为开发人员提供了明确的开发指令和精确的产品质量情况，让开发人员可以集中精力进行重要问题的开发。因此，开发人员在开发过程中，应该时刻关注持续集成的反馈结果，对持续集成的反馈做出及时有效的响应，做到"红灯停，绿灯行，黄灯请慢行"。

为了让开发人员能够时刻关注持续集成的反馈结果，可以借助多种方式将反馈信息传达给开发人员，如邮件、短信和可视化仪表盘等。

4. 构建失败之后不要提交新代码

持续集成为开发人员提供了开发的指示灯，开发人员应该做到令行禁止，当出现构建失败时，停下来首先修复构建中出现的问题，等问题解决之后再提交代码。

如果无视指示灯的红色预警，问题堆积越来越多，不仅导致指示灯失效，还会留下更多的修复问题。随着问题的堆积，涉及的开发人员会越来越多，涉及的范围越来越大，问题的定位难度增大，开发人员需要更多的精力去修复，而修复的时间成本也成倍增长。

当无人遵守这个规则时，持续集成基本形同虚设，而上述问题也会反复出现，形成恶性循环。因此，开发团队必须遵守构建失败后不提交代码的规则，这样才能发挥持续集成快速发现问题、快速定位问题和快速修复问题的作用，减少修复成本，确保产品一直处于可工作的状态。

5. 回家之前，构建必须处于成功状态

如果出现构建失败时，刚好是下班时间，根据以上规则，开发人员完全可以不提交新代码，等第二天上班之后先修复问题，然后再提交新代码。然而，让构建在红色预警中过夜会存在如下问题：

- 夜间无法进行功能性和非功能性的自动化测试。
- 第二天上班时，如果是其他人先上班，需要重新去了解代码和修复代码，耽误更多的开发时间，甚至有可能会对引起构建失败的人不满，影响团队之间的协作。
- 即使第二天是开发人员本人先到公司，他也需要更多的时间去回忆代码并尝试修复，这时其他开发人员也无法进行检出并编写代码，影响所有人的开发进度。
- 如果开发人员处于一个多时区的分布式团队中，失败的构建可能会影响处于另一个时区的团队一整天的工作。

因此，开发人员必须遵守红灯不过夜的规则，回家之前，必须保证构建处于成功状态。开发人员应该养成良好的代码提交习惯，频繁少量提交，这样每个错误都可以花更少的时间去定位和完成修复。

6. CI 值日生制度

CI 的落地实施离不开开发团队的参与。对于一个新建的敏捷团队，或是一个新加入的开发人员来说，往往会忽略团队的持续集成实践，甚至忽略集成的错误警示，使持续集成无法发挥其帮助开发人员快速发现问题的作用。为了强化和巩固团队开发人员的 CI 意识，让开发人员能够遵守相关的 CI 实践与纪律，并学会自主地关注和利用持续集成提高发布效率，可用 CI 值日生制度的实践来培养和提高团队

的 CI 意识。

CI 值日生制度，即在团队中让开发人员以一定的时间为周期进行轮岗，最终让每个开发人员都至少承担一次 CI 值日生的角色。每一个 CI 值日生在本团队中承担 CI 纪律、CI 实践的监督执守者职责，对团队的 CI 有效执行负主要牵头的责任，负责引导团队关注 CI，并督促相关人员及时处理 CI 发现的问题。

CI 值日生制度的目的在于提高团队成员的 CI 认识和 CI 意识，最终利用 CI 提高产品交付效率。通过 CI 值日生制度的多次轮岗之后，开发人员要充分认识到 CI 是什么、CI 理论是什么、CI 的作用是什么，才能知道为什么用 CI 以及如何用 CI，才能真正发挥自己的能动性，主动利用 CI 工具进行自动构建、自动组包等工作，减少人工重复操作时间和人工误操作概率，主动围绕 CI 工作，让构建一直保持绿灯状态成为大家共同的语言，不让代码红灯过夜成为大家共同的承诺。减少沟通成本，这样才能让 CI 发挥快速反馈、问题前移的作用。通过 CI 值日生角色轮岗和职责体验，让团队成员亲身体验持续集成的作用，在潜移默化的过程中培养自主关注 CI 的意识，学会利用 CI 提高工作效率。

7. 小结

在进行持续集成时，没有固定的套路和范式，以上所列的实践仅仅是持续集成众多实践的一小部分，而且这些实践并不一定适用于所有的开发团队。

实践的具体选择会因为环境的不同而不同，持续集成的设计与实现具有一定的灵活性。基于持续集成的原则和目标不变，敏捷团队可根据自己的组织文化和流程，对持续集成实现的流程和实践进行个性化定制和调整，以实现持续集成作用的有效发挥为目的，帮助开发人员提高开发效率和保证产品质量。

持续集成是一个与团队现有流程进行融合的实践过程，它在实现时会考虑团队现有流程；同样，它也可以对团队的工作流程和习惯进行检视反馈，对不合理的工作流程和习惯进行优化和调整。为了让持续集成在项目中更好地发挥作用，开发人员有时必须改变软件开发习惯，有些还需要进行一些训练和培训，这样做虽然看上去浪费了一些时间，但之后在持续集成实践上所花的时间和精力会得到指数级的回报。

持续集成实践是以更好地发挥持续集成作用为目的，团队需要结合自己的组织文化、团队的开发流程、开发人员的工作习惯等因素，选择适合自己的实践，以实现持续集成的最大化效用。

5.6 架构演进与微服务

火车可以一节车厢、一节车厢地交付，但是飞机不能一个机翼、一个机翼地交付——架构决定了最小可用、可交付单元。如果说精益、敏捷是从思想上指导团队如何尽快地响应市场变化，那么架构演进和微服务架构就是从技术上提供能响应市场变化的解决方法。ISO/IEC 42010:20072 把"架构"（Architecture）定义为："一个系统基本的组织，体现在它的各个构件、构件间的相互关系、构件与环境间的关系，以及治理其设计和演进的原则上。" TOGAF 接受并扩展了这个定义，在 TOGAF 中，架构是指：①一个系统的形式化描述，或指导系统实现的构件级的详细计划；②一组构件的结构、构件间的相互关系，以及对这些构件的设计和随时间演进的过程进行治理的一些原则和指导策略。

根据 TOGAF 定义，企业架构是"一种对组织业务运营以及所需的基本 IS/IT（信息系统/信息技术）支持的描述，它是架构学科在组织中最抽象化层面的应用。通常，企业架构适用于变更项目的持续沟通和管理，而且通常包括业务结构、IS/IT 景象（景象意指全景图）、对战略改进机会的识别以及对大型转型活动的识别"。即，企业架构以业务目标为导向，以业务升级变更为驱动，用来理解和分析业务，用来设计、构建、集成、扩展、运行和管理信息系统。很多时候，有什么结构就会有什么性质。石墨和钻石都是由碳元素组成的，但是结构不同，表现出来的性质就完全不同。软件架构伴随着软件的诞生而诞生，跟随需求和技术不断演进。近年来由于敏捷的传播，大家开始讨论"全栈技术团队""敏捷架构"。这些理念都有其适用的场景，当然也有其约束条件。如既能够写前端界面，又能够写后台逻辑的团队就可以称为"全栈技术团队"，但是这个团队还需要诸如系统、网络、中间件、架构设计等专业人员的支撑才能有效开展工作。"敏捷架构"更是一个容易被误解的词。曾经有敏捷从业者说要用"敏捷架构"，按照功能/业务领域纵切，每个小组/成员完成纵切后，负责从前端到后台全部功能。结果是产品相似功能多处存在、数据一致性维护困难、扩展困难，业务人员理解使用更困难。举例来说，如果每个系统独立设计账户体系，那么业务人员用到多少系统就需要录入多少次信息、记忆多少次账户和口令。从企业架构角度，一定是先分层。下层资源是上层不需要了解实现、可以直接使用的服务；每层内部根据情况进行纵切，实现可复用的、乐高积木式的业务功能组件。通过在业务上实现上层对下层服务的编排，实现新业务快速发布，如可以按照功能的变化速度和可复用性分为前台、中台和后台。

前台类系统可以按照场景纵切；中台类系统按照服务领域纵切；后台类系统按照技术栈纵切。但无论怎样切分，都是为了实现企业愿景，实现功能快速交付，这一点和企业管理转型是一致的。

"敏捷转型"是企业管理转型的一种，目标是从严格计划驱动企业运行转变为由计划指导市场事件驱动企业运行。企业敏捷转型，最终目标是实现企业自身的业务敏捷。而实现业务敏捷，需要过程、方法和人相互配合。通常的做法是，首先在各个部门内部实现局部的敏捷，然后系统思考，从整体敏捷角度优化局部敏捷。因此，围绕实现业务敏捷目标，一般从人员思想转变、软件工程模型调整（如瀑布模型转化为迭代模型）、管理流程精简优化等局部开始，逐步实现过程敏捷。然后引入 DevOps、CI、CD、自动化测试等方法来提升工程效率和产品质量。此时若要进一步缩短交付周期和提高交付频率，则需要进行企业架构演进。因为管理和工具的升级，仅仅能够减少等待、浪费和返工，无法改变最小可交付单元，无法对外提供架构能力之外的特性。因此，实施敏捷转型的企业，一般会同步实施管理转型、工艺工具转型和架构转型。由于架构转型成果落地需要改造 IT 系统，所以这个过程一般是逐渐用新的架构替代老的架构，因此"企业架构演进"一词更能准确描述架构转型的特点。

企业架构演进是当前 IT 系统逐步向目标企业架构过渡和调整的过程。通过技术架构演进，进一步提升企业响应力、产品竞争力。梅尔文·康威（Melvin Conway）在《委员会怎样进行发明》（*How Do Committees Invent*）一文中引用了康威的见解："组织设计的系统，其结构受限于组织的（信息/管理等）交流结构。"比如，在一个由三个部门完成的系统设计中，一般系统的模块数量不会少于三个。康威认为，组织设计的应用架构源于组织的沟通架构，为了降低问题的复杂程度，需要将问题分而治之；减少系统之间的通信路径；采用迭代式开发不断添加必需功能，优化系统。这些理念奠定了微服务架构的思想基础。这一思想理念在 20 世纪就有人提出，不过最近几年才伴随 IT 界 VUCA 时代快速发布的发展而火热起来。

5.6.1 架构演进简史

架构选择受组织目标、组织结构、组织规模、成本、技术能力、所在行业等诸多因素影响，因此没有最好的架构，只有当前最合适的架构。在企业当前 IT 系统不能满足业务发展需要或者不能承载企业愿景时，就需要规划新的企业架构。向新的企业架构过渡的过程，就可以理解为架构演进。企业架构演进通常伴随组织架构与管理文化的演进，敏捷思想就是一种管理文化，一种拥抱变化的管理文化。伴随这种文化，迭代开发方法、DevOps 持续发布技术、微服务架构技术逐步被 IT 企业广泛采用。为了更好地表述敏捷与企业架构的关系，下面按照架构出现的时间顺序介绍目前存在的几种常用的架构以及各自的特点。因事业环境、企业诉求等原因，企业可能会经历以下一个或几个架构阶段。

1. 单体应用架构

单体应用架构是早期大型企业、当下很多小微企业常用的架构——所有功能集中在一个软件内。这种架构的软件会把界面、用户响应逻辑、业务逻辑、数据处理等功能打包在一起，运行在一台服务器上，通过 HA 保证服务的可用性。当容量不足时，通常采用水平分割方式，将数据分割到多个具有相同功能的服务器（如按照地域、子公司等拆分）上。随着前端技术发展，近年开发的软件开始使用前后分离技术，前端运行在移动端或者 CDN 上，后端运行在云上，但其本质依然是单体应用架构，只是将服务器换成了虚拟服务器。

单体应用架构的特点是全部功能集中在一个项目内部。其主要优点包括：开发效率高、开发周期短，而且架构简单、技术依赖少、维护容易，运营成本低。主要不足包括：功能扩展困难、容量扩展困难、技术栈受限（如早期应用使用 JSP，现在要转换为其他前端技术就相当于重新开发）、难以实现 7×24 高可靠服务，不利于业务全球化。

这种架构的形成有其历史技术因素，也有项目成本等非技术因素。20 世纪大型企业日常运营一般不依赖于计算机，计算机主要是做一些辅助性工作。受当时软硬件技术、业界标准的限制，计算机应用软件少、价格昂贵、通用性差，计算机适用的场景和能够使用计算机的人才都很少，即使是大公司，也只有少数部门用计算机做一些辅助工作。当时单体应用架构简单、开发高效的特点非常突出，是当时的主流选择。如果单台服务器的处理能力不能满足逐渐增加的计算需求，通常做法是先对服务器的中央处理器（CPU）、内存等部件升级扩容，扩容后一般能够解决一两年内的计算需求。之后如果依然不能满足增加的计算需求，则增加服务器数量。例如早期银行、通信公司，会在总公司、各个省市公司分别建立主要业务功能相同的 IT 系统。当下许多小微企业，因其自身业务量小、扩展性要求不高，通常也会采用单体应用架构。例如加油站的会员管理、餐馆的客户管理、小卖部的收费系统等。这类企业的特点是数据量少、业务功能单一且变化少、可用性要求不高,引入 IT 系统的主要考虑因素是开发、持有成本。由于单体应用结构简单、成本低,同时配合当下的"基础设置即服务"(Infrastructure as a Service,IaaS)云服务器技术,单体应用的可用性也能够接近 7×24,因此,相比于早期,通过高可用性(High Available,HA)作为保障,又进一步降低了建设成本。

2. 垂直应用架构

企业内垂直应用架构由单体应用架构演进而来,每个单体应用专注于一个业务领域,承担企业某一方面的运营支持工作,单体之间根据企业需要定制互联,如 ERP 软件、HR 软件、CRM 软件、FMS 软件等。推动架构向垂直应用演化的原因很多,可能是新技术引入后降本增效的示范效应;可能是企业发展后的职能细分;也可能是在该领域与同业竞争的需要。它们有一个共同特点,那就是企业层面多数只有预算方面的规划,企业架构方面只有较弱的规划,甚至没有规划,只是由需求部门根据本部门的需要发起、实施并验收的。垂直应用架构按照业务进行切割,形成小的项目,每个项目一般服务一个或几个部门。这种拆分把复杂的企业架构拆分成单体应用,从而简化新项目的实施,保护已有 IT 项目投资。初期项目之间可能彼此独立。这种架构为企业各个部门提升自身的效率提供了很大的帮助,与单体应用一样,具备开发效率高、开发周期短、开发运营成本低、技术依赖少等优点。与单体应用不同的是,因为拆分垂直应用项目规模不会因增加功能导致项目持续膨胀扩大,并且通过建立额外的垂直系统,可以避免像单体应用那样被原有开发技术体系约束。而企业在外部竞争、内部降本增效等因素推动下,越来越依赖全面、及时、准确的信息,这就促进了信息系统的互联互通。随着需要彼此通信的系统的增加,大量系统以直连方式通信的弊端也逐渐显现,主要体现为以下几个方面:

- 大量异构系统互联,实施难度大,维护成本高,故障率高。
- 存在大量烟囱应用、数据孤岛,系统之间的数据难以复用。
- 各个需要互联的应用之间的数据一致性很差,难以维护。
- 缺少统一的数据模型,影响商务智能(BI)、人工智能(AI)在企业内应用。
- 相似功能和服务难以在多个系统之间共享。

垂直应用架构适合 IT 系统有一定规模、要保护已有系统投资,且内部系统互联互通需求不高的企业。此种方案能够在成本、实施难度、实施周期与效果之间取得最佳平衡,但是对于需要互联单体应用较多、经营环境变化较快的企业来说,垂直应用架构则不能满足其需求。如商业银行内部,存在几十甚至几百个业务系统,直接互联不仅开发成本高，而且系统稳定性、数据一致性无法保证。再如互联网公司，不仅要系统之间互联互通，同时对系统的可扩展性、稳定性要求高，而且要求系统要能够积木式快速重组以便快速响应业务变化。这种情况下，垂直应用架构在开发成本和变更响应速度方面都不能满足需求。

图 5-10 展示了一个企业内的垂直应用架构情况。

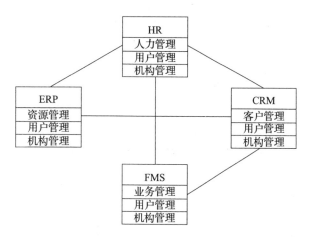

图 5-10　垂直应用架构示意图

3. SOA 应用架构

面对垂直应用架构在集成方面的不足，为了更好地保护企业已有 IT 投资，业内推出了很多方案和技术，如 EAI、ESB 等。这些技术提供了应用之间通信的基础设施、标准信息交换格式，横向贯通企业各个领域，联通各个垂直应用。通过引入消息总线，系统集成路径由原来的 $n(n-1)/2$ 条降低到 n 条。随着集成需求的增加，面向服务的体系结构（Service-Oriented Architecture，SOA）逐渐成为 IT 集成的主流技术。面向服务的体系结构是一种软件系统设计方法，通过发布接口为终端用户应用程序或其他服务提供服务。

SOA 把 IT 架构分为组件层、Web 服务层、业务流程层等。组件层包括各种应用组件，这些组件可能是早期建设的单体应用的封装，也可能是新的分布式组件技术（CORBA、COM/DCOM、J2EE）实现的组件层应用。由于项目实施方面擅长技术不同，通常在复杂 IT 环境中的组件层实现技术也不同，而不同实现技术之间的互联难度比较大，这就形成了以技术领域为边界的信息孤岛。SOA 应用通过引入 Web 服务层来解决此类问题。Web 服务独立于各分布式组件技术，使用标准的基于 XML 的服务描述语言 WSDL 来定义和封装分散的业务功能，支持 Web 服务的分布式组件技术能够将其上的业务组件发布成 Web 服务，并产生相应的 WSDL 文档，需要此服务的应用只需要依据 WSDL 描述的信息就能够调用 Web 服务，即 WSDL 所描述的业务功能。在 SOA 中，需要进入系统集成环节的业务组件都被映射为 Web 服务，形成了 Web 服务层。业务流程层在 Web 服务层之上，通过编排 Web 服务执行次序和条件，实现业务流程。业务流程层可以通过 Web 服务层调用基于各种分布式组件技术实现的业务组件。组件层中的业务组件与 Web 服务层的 Web 服务构成了企业 IT 架构的主要可重用部件，实现了复杂 IT 系统环境的应用集成，同时保护了企业早期的 IT 投资。

将组件层的业务组件映射为 Web 服务层的服务是成功实现 SOA 的关键步骤。从技术上看，特定的业务组件使用特定的分布式技术。这种映射方法高度依赖分布式技术本身，当某个 Web 服务需要调用来自多个分布式技术实现的业务组件时，这种映射方法就会无法支持；从组件业务特性看，早期组件源于特定垂直应用的服务化，这些组件之间有着相似但不完全相同的功能（如用户管理），造成了重复建设和额外的数据同步；从可扩展性、可用性、可维护性看，SOA 架构并没有根本上的改变，这些非功能特性依然受到接入企业总线的垂直应用的制约。图 5-11 展示了 SOA 应用架构。

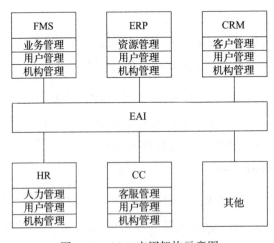

图 5-11　SOA 应用架构示意图

4. 微服务架构

微服务架构继承了 SOA 架构的优点，并且进一步解决了 SOA 实施过程中面临的困境。微服务这一概念在马丁·福勒于 2014 年发布的 *Microservices*（《微服务》）一文中有详尽描述，此后越来越多的互联网公司开始实践微服务架构。相对于 SOA，微服务架构风格有两个重大改变：一是在微服务之间通信一般采用 Restful 风格通信协议，减少对技术实现的依赖；二是去掉了 SOA 中的企业总线，服务消费者通过注册中心找到自己需要的服务提供者后直接通信。

微服务一般是指一个小型的、完成单一业务功能的服务。每个服务都在自己的进程空间内，有自己的处理机制、安全机制和轻量通讯机制，可以部署在单个或多个服务器上。每个微服务有自己的边界和上下文，服务之间一般是无状态的，因此无论哪种技术编写的服务都可以很方便地互联互通。由于微服务体量相对小，功能单一，就形成了可以复用的技术乐高积木，可以十分方便地通过重新组合不同微服务实现新的业务场景，从而达到复用目的。例如，在微服务架构下，可以设计单一的权限管理服务、日志服务、产品管理服务。通过服务治理框架，这些服务不仅方便复用，而且不需要了解原服务的实现技术。微服务的"微"不仅是指功能，还包括功能实现后的调用链长度、响应时间要求、可复用性、可维护性、可扩展性和数据一致性等多个方面。微服务划分要考虑每次发布大小、资源分配单位、业务相似性、非功能相似性等因素。这些对后续运营管理影响很大，如 A/B 测试，就是一种同时发布 A、B 两个版本，通过实际场景测试，获取实验结论的发布方式。这种发布需要微服务能够使 A、B 版本共存、共享公共资源，并能够正确路由 A、B 版本的请求；又如金丝雀发布，就是一种用小部分用户测试新版本的发布形式，这种方式需要微服务架构能够根据用户特点，将选定用户的请求分配到金丝雀版本上，并且和 A/B 测试一样，需要金丝雀版本与正式版共存且可以标记；再如蓝绿部署，是一种用蓝绿双倍冗余资源缩短发布停机时间的方式，在微服务架构下，为了减少蓝绿切换期间的在途建议和未决事物，对于数据一致性要求高且频繁共用的两个功能最好放在一个微服务中。另外，从运维角度，将使用频率差异很大的服务做成不同的微服务，能够有效利用服务器资源，减少服务异常影响的范围。

一般认为微服务有如下优点：
- 聚焦一个特定的业务功能或业务需求，体量相对小。
- 微服务能够由 5～8 人小团队单独开发，单独测试。
- 微服务彼此之间松散耦合，有功能意义，可独立部署。
- 微服务能使用不同的语言开发。
- 微服务设计开发能支持 CI、CD。

- 新的团队成员在开始工作前不需要了解庞大的项目工程。
- 微服务易于理解，能够有效减少项目实施过程中的沟通。
- 微服务易于融合最新技术，实现开发技术栈的逐步升级。
- 配合云和容器技术，微服务能够进行即时扩展、潮汐式资源分配。
- 微服务设计时考虑了服务器处理能力，能部署在中低端配置的服务器上。
- 一般采用 Restful 接口风格，易于和第三方集成。
- 一般每个微服务都有自己的存储能力，可以有自己的数据库，为后续的服务处理能力提升、数据库扩展提供了便捷条件。

微服务架构也有如下不足：

- 微服务增加了架构的复杂性，也增加了开发维护的成本。它的优势要在服务器规模达到一定程度或者变更频率很高时才能显现。
- 微服务架构会带来额外的服务调用，原本在几个进程甚至一个进程内完成的工作，在微服务架构下需要经过几个进程和网络远程调用，这会延长单个请求完成时间。设计微服务时需要考虑响应时间要求。
- 业内没有统一的微服务拆分标准，不同的场景、不同的运行环境、不同的响应时间要求都可能影响微服务的拆分。微服务拆分若不恰当，可能导致事倍功半。
- 分布式架构下，每个微服务维护一套自己的数据。虽然设计上会尽量将紧密相关的数据放在一起，但各个微服务之间维护的数据可能还存在一致性要求，此时需要解决分布式数据一致性问题。
- 因为微服务分布部署，同一个交易有多个达成路径，一个交易完成有多个服务参与，问题跟踪定位较垂直应用困难得多。
- 当微服务数量增加时，管理复杂性也随之增加。
- 当前的微服务框架，如 Dubbo、Spring Cloud，彼此之间不完全兼容，还存在一定技术绑定。

图 5-12 展示了微服务架构。

5.6.2 演进式架构

演进式架构（Evolutionary Architecture）是一种把支持增量变更、功能导向作为第一原则的架构。第一原则不仅应用在软件设计阶段，也应用在软件开发、推广和运维阶段。技术架构是依据当时的技术条件、实施能力、实施成本等客观条件设

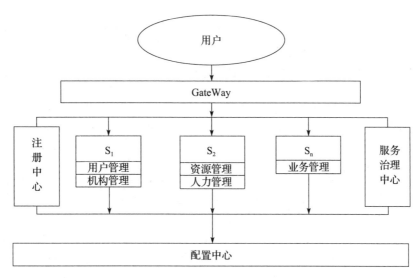

图 5-12 微服务架构示意图

计的,并不存在完美的、能够应对所有变化的架构。当技术升级、各种制约因素改变的时候,技术架构也要相应地变化。演进式架构的核心目标是以最小的代价响应变化。变更范围越小,影响越小,相应的代价也就越小,因此演进式技术架构落地的主要表现形式是将企业架构划分为多个小的、彼此影响尽量少的领域,然后按照技术特点进一步分层。而这种分层、分块的规划就是企业架构。企业架构和演进式架构分别从企业战略层和项目实施层为项目提供指导。架构演进实施过程受以下几方面影响。

(1)企业内部组织机构、业务领域分工影响企业架构设计。对于技术体系不同、背景不同的企业,各自企业一线团队的划分存在较大差异。例如,在 IOE 技术体系下,可设立网银团队、结算团队、系统团队、网络团队等,业务领域团队可能细分为开发团队、测试团队、运维团队;在 X86 平台的云技术体系下,可能产生云平台团队、中间件团队、数据库团队、各领域应用团队。

(2)业务驱动,组织引导。有商业场景,技术才有发挥的土壤。新技术能否落地,很大程度上取决于组织管理因素。例如,企业虽然引入了 IaaS,但是依然将网络、存储、服务器分别授权不同团队管理,那么 IaaS 提供的自服务功能必将沦为摆设。

(3)技术升级带动架构、组织结构升级。例如,随着敏捷、DevOps 的引入和落地,更多的组织开始尝试开发、测试和运维融合,通过不同角色的融合减少软件发布过程中的交接次数,从而提高组织响应力。虽然员工的工作职责没有明显变化,但是不同职责在一起,能够带动大家从多个角度看问题,让员工开始接触和学习其他领域的知识,逐步向全职能、全栈工程师发展。

(4) 高效反馈。组织结构影响架构设计,无论哪种架构/组织形式,都是在摸索和尝试中不断改变的。然而,架构变化产生的效果和影响往往需要很长一段时间才能反映出来。因此,定期推演、即时反馈可以有效地提升架构治理能力,避免架构腐化。

(5) 企业架构规划和演进式架构不是泾渭分明的两部分。什么时候坚守架构原则,什么时候进行演进,没有一定之规,更没有必然成功的路径。

企业只有做到一定规模,才会考虑 IT 系统的企业架构,因此很少有机会从零开始应用新的架构建设系统,多数情况是在已有多年累积的 IT 系统上逐渐进行架构调整,这就涉及向目标架构迁移。规模化敏捷框架(Scaled Agile Framework,SAFe)将建构演进比作为业务发展提供新的跑道,非常形象地说明了架构演进的重要性。架构演进在当今商业环境下往往伴随业务布局,需要为架构演进规划预算并给予相应资源,以尽快在新的领地立足。从企业架构落地实施角度看,除了上述内容,还需要考虑架构治理,考虑各个领域应用之间、应用内部模块之间的解耦,以及项目实施过程中的技术管控。

5.6.3 技术债务与重构

在实际开发过程中,有时不得不降低标准,甚至破坏一些原有的开发规则而匆忙实现功能。这些遗留下来的、需要后续改进的内容就是技术债务。技术债务会越来越高,逐渐蚕食甚至破坏敏捷转型的效果,因此要控制技术债务。技术债务产生的原因很多,有些是设计不足引起的;有些是技术升级更新引起的;还有些是开发实施过程不规范引起的。从企业架构看,技术债务破坏架构规划和架构原则,增加了系统之间的依赖性和复杂性。后续技术升级就不得不处理更多的约束。这不仅产生了软件升级的成本,更牺牲了快速响应业务变化的能力,很可能错失机遇。技术债务隐藏在每一行代码中,平时不显现,一旦出现 Bug,或者需要增加新的业务功能时,问题就会爆发。随着技术债务的累积,系统将越来越难以扩展,导致维护成本越来越高,于是不得不通过重构偿还技术债务。重构虽然能够解决技术债务问题,但企业需要付出一定代价和未知的机会成本。在系统升级、架构演进过程中要合理控制技术债务,在回报与投入之间找到平衡。实践中,有如下一些方法可以控制技术债务规模。

首先，要有合适的企业架构和架构变更控制机制。在实施过程中做好企业架构变更控制，避免出现企业架构层面的技术债务。比如，在初期建立全局概念模型、数据模型和数据字典。后续开发的新系统使用相同的模型，会大大简化系统之间的互联互通。企业架构腐化带来的重构成本是最高的，而且架构腐化引起的技术债务会像高利贷一样不断累积，像病毒一样不断地影响后续新建系统。因此，应尽快建立统一的企业架构模型。企业架构模型是一组概念和约定，本身不存在先进与否，重在统一和有效地落地执行。就像在中国遵守"右侧通行"的交通规则，而在一些英联邦国家执行的是"左侧通行"的交通规则，这些规则本身没有高下之分，重要的是所有人都按照统一的规则"通行"。

其次，在具体项目实施过程中，需要平衡项目工期、成本与技术债务。企业所面对的经营环境瞬息万变，而软件开发需要一定的时间周期，这就迫使一些项目在实施的过程中进行取舍。一方面，可以尝试通过技术债务清单机制对技术债务进行可视化，通过定期安排非功能预算，来偿还技术债务。另一方面，也并非所有的技术债务都是需要偿还的。如果不违反企业架构，在本项目边界内，适当做些平衡，会比死守规则获得更好的投资回报。例如，非功能完成程度、过程文档等，可以根据现状适当裁剪；对于一些重要但不紧急的功能，设计上可以预留位置，等待时机成熟再增加相应功能。

最后，可以引入 DevOps、CI 等工艺、工具，通过自动化手段保证规范落实的效果和执行的效率。

5.6.4　云、容器和微服务

企业敏捷转型是为了适应市场变化，微服务架构将企业应用拆分为多个彼此相对独立的软件包，为实现快速发布提供了必要条件。软件包在部署后需要服务器的计算资源来承载，因此服务器的供给方式也是制约业务敏捷的重要一环。为了提升基础架构的灵活性、适应性，硬件分区、虚拟化、云和容器技术应运而生。早期服务器容量规格相对固定，而应用程序的计算需求差异很大，为了应用独立部署且不过多浪费服务器计算资源，产生了服务器分区技术。该技术能够把物理服务器划分为多个从硬件层面隔离的虚拟服务器（主要应用在大型机和 Unix 服务器上）。不过，为了应对访问峰值，服务器容量一般按照最大容量需求乘以冗余系数设计，这就造成服务器年平均使用率很低。另外，按照当时的硬件分区技术，同一个服务器上，若 A 分区资源不足，B 分区即使空闲，也无法将计算资源借给 A 分区。服务器厂家为应对上述场景，设计了服务器逻辑分区。该技术把大型服务器的 CPU 按照时间片划分为多个逻辑 CPU，通过硬件和操作系统技术，在一台服务器上模拟出多个逻辑服务器，逻辑服务器的计算资源可以动态地增加或减少。服务器逻辑分区就是最早的虚拟化平台雏形，虽然分区技术提升了服务器使用效率，不过，当时各个服务器厂商的逻辑分区技术仅能应用于自己的服务器上，且使用专有操作系统，建设和维护的成本依然很高。在此期间出现了基于 X86 廉价硬件的虚拟化技术，如 Vmware、KVM、Zen、Hyper-V 等。除了服务器虚拟化，同期被使用的还有网络虚拟化、存储虚拟化等相关技术，通过这些技术的配合使用可以很好地提升资源利用率，提升基础架构的灵活性。

随着虚拟化技术的广泛应用，IaaS 概念逐渐形成。IaaS 本身对各种虚拟化进行抽象封装，为应用提供统一的资源申请接口。它解决了各种虚拟化技术集成问题，为用户提供了基础架构自服务能力。原来需要几周时间才能交付的计算资源，现在仅需几分钟就可以实现。IaaS 平台允许用户自主设计网络，为快速搭建各种集群提供了便捷条件。这种能力非常符合当下业务敏捷的需要，且能够为企业提供容量适中、隔离性好的"虚拟机房"。

IaaS 缩短了软件发布环节上资源供给环节所需的时间，但是软件发布过程中依然需要在不同的环境为不同的软件安装配置所需的类库、中间件和数据库等。为了简化环境安装配置等初始化工作，出现了容器技术。容器技术利用 OS 提供的隔离机制，通过规范软件包（Docker Image）发布形式，隔离软件运行环境和实际环境。

容器技术与虚拟网络、虚拟存储结合形成了"容器云"。容器云和 IaaS 云本质上都发挥了资源配置与调度作用，区别仅仅是 IaaS 使用虚拟化隔离，容器云使用容器隔离。从应用角度看，两种技术最终提供的都是软件运行需要的环境。此处以 Docker（一种当下通常使用的容器技术）和 KVM（一种当下通常使用的虚拟化技术）为例，对比容器和虚拟化的主要异同。

如图 5-13 所示，左图虚拟机的 Guest OS 层和 Hypervisor 层在 Docker 中被 Docker Engine 层所替代。虚拟机的 Guest OS 层即为虚拟机安装的操作系统，它是一个完整的操作系统内核；虚拟机的 Hypervisor 层可以简单理解为一个硬件虚拟化平台，它的 Host OS 是以内核态的驱动存在的。由此可见，Docker 容器在操作系统层面上实现虚拟化，直接复用本地主机的操作系统；KVM 则是在主机操作系统上，虚拟出一组新的服务器硬件，再在这种硬件上进行新的系统安装运行。

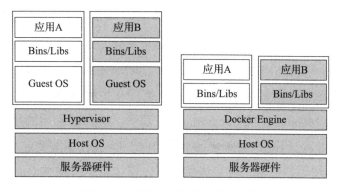

图 5-13　容器与虚拟化对比示意图

从资源隔离角度看，KVM 虚拟化技术隔离性更好，不会因为 Guest OS 崩溃而整体崩溃。虚拟机实现资源隔离的方法是利用独立的 OS，并利用 Hypervisor 虚拟化 CPU、内存、IO 设备等，其基本实现原理如下。

第一，为了虚拟 CPU，Hypervisor 会为每个虚拟的 CPU 创建一个数据结构，模拟 CPU 的全部寄存器的值，在适当的时候跟踪并修改这些值。在大多数情况下，虚拟机软件代码是直接运行在物理硬件上的，不需要 Hypervisor 的介入。只有在一些权限高的请求下，Guest OS 需要运行内核态修改 CPU 的寄存器数据，Hypervisor 会介入修改并维护虚拟的 CPU 状态。

第二，Hypervisor 虚拟化内存的方法是创建一个影子页表（Shadow Page Table）。在正常情况下，一个 Page Table 可以用来实现从虚拟内存到物理内存的翻译。在虚拟化的情况下，由于虚拟机的物理内存仍然是虚拟的，因此影子页表就要做到从虚拟内存到虚拟的物理内存再到真正的物理内存这一系列映射。

第三，对于 IO 设备虚拟化，Hypervisor 使用软件模拟设备的工作情况，并反馈结果。例如，当 CPU 想要写磁盘时，Hypervisor 就把相应的数据写到一个 Host OS 的文件上，这个文件实际上模拟了虚拟的磁盘。

对比虚拟机实现资源和环境隔离的方案，Docker 就显得简练很多。Docker Engine 可以简单看成对 Linux 的 NameSpace、Cgroup、镜像管理文件系统操作的封装。Docker 并没有跟虚拟机一样，利用一个完全独立的 Guest OS 实现环境隔离，它利用的是目前 Linux 内核本身支持的容器方式实现资源和环境隔离。简单地说，Docker 利用 Namespace 实现系统环境的隔离；利用 Cgroup 实现资源限制；利用镜像实现根目录环境的隔离。本质上，Docker 相当于 Host OS 上的一个进程组，仅做了有限的隔离。

从资源使用和启动速度看，同一个计算单位，Docker 占用资源更好，启动更快。Docker 不需要 Hypervisor 实现硬件资源虚拟化，运行在 Docker 容器上的程序直接使用的是实际物理机的硬件资源。因此 Docker 在 CPU、内存利用率上有明显优势。在 IO 设备虚拟化上，Docker 的镜像管理有多种方案，比如利用 Aufs 文件系统或者 Device Mapper 实现 Docker 的文件管理。Docker 利用的是宿主机的内核，而不需要 Guest OS。因此，当新建一个容器时，Docker 不需要和虚拟机一样重新加载一个操作系统内核引导。在一般情况下，虚拟机软件加载 Guest OS 的过程是分钟级别的，而 Docker 直接利用宿主机的操作系统，新建一个 Docker 容器只需要几秒钟。由于 Docker 复用了 Host OS 的内核等系统资源，一个功能相同的 Docker 容器比虚拟机消耗少很多。事实上，在一台物理机上可以很容易地建立成百上千的容器，但却只能建立几个虚拟机。

通过 Docker 和虚拟机实现原理的比较，可以发现 Docker 有如下优势：
- Docker 容器的启动可以在秒级实现，这相比传统的虚拟机方式要快得多。
- Docker 对系统资源的利用率很高，容器的运行不需要额外的 Hypervisor 支持，它是内核级的虚拟化，因此可以实现更高的性能和效率。在一台主机上可以同时运行数千个 Docker 容器。容器除了运行其中的应用外，基本不消耗额外的系统资源，使得应用的性能很高，同时使系统的开销尽量小。
- 更快速地交付和部署。容器的启动时间是秒级的，可以大量节约开发、测试、部署时间。开发者可以使用一个标准的镜像来构建一套开发容器，开发完成之后，运维人员可以直接使用这个容器来部署代码。Docker 可以快速创建容器，快速迭代应用程序，并让整个过程可视化，使团队中的其他成员更容易理解应用程序是如何创建和工作的。
- 更轻松的迁移和扩展。Docker 容器几乎可以在任意的平台上运行，包括物理机、虚拟机、公有云、私有云、个人电脑、服务器等。这种兼容性可以让用户把一个应用程序从一个平台直接迁移到另外一个平台。
- 更简单的管理。使用 Docker，只需要小小的修改，就可以替代以往大量的更新工作。所有的修改都以增量的方式被分发和更新，从而实现自动化。

Docker 的主要不足在于其隔离性。一般在隔离需求较低的时候可以使用容器技术，对隔离性要求较高时推荐使用虚拟化技术，也有一些企业将 Docker 运行在虚拟机上，兼顾了隔离性和灵活性。这种方法的实现一般是通过在物理机上虚拟出少量虚拟机，然后再通过 Docker 进行大量虚拟化。

5.7 安全内建

商业银行的软件开发组织一般需要对生产安全和代码质量投入大量精力。安全内建是指通过将各种安全活动、实践融入开发团队的日常活动当中，从而使应用中的安全缺陷被更早地识别并尽早得到修复，进而提高应用的安全质量。当前，安全内建主要集中于安全代码审计、静态分析安全测试、动态应用程序安全测试和黑白盒结合安全测试四个方面。

5.7.1 安全代码审计

代码审计是被业内普遍利用的检查源代码的手段，商业银行的 IT 组织一般认为代码审计就是以小组为单位，开发人员讲解自己的代码，并与他人交换代码思路，识别出错误的过程。安全代码审计，顾名思义，即对包含有安全机制或涉及安全功能流程类的代码进行审计的过程。安全代码审计被商业银行企业 IT 组织加入开发流程中，凸显了银行对生产安全的重视。

在迭代开发之前的准备阶段或更早的方案设计阶段，架构师将会对需求项的安全流程是否涉及信息泄露进行确认，如有涉及，将要求业务方缩小并确认信息泄露的范围，此部分涉及的后期开发代码将会安排安全代码审计；同时，架构师在架构分析阶段需要判断是否涉及安全测试的内容。如需要开展安全测试活动，架构师应在技术方案建议书中注明。

在敏捷迭代开发的过程中，每一个迭代至少会进行一次代码审计，但安全代码审计不是必需的阶段。这取决于该阶段新增或修改的代码是否涉及安全机制或安全类的功能，如有涉及，则必须在基础的代码审计外针对安全代码开展走查工作。尤其是针对新增产品或新增功能的开发任务，一般要求必须开展安全代码审计，提高内建安全的质量。

安全代码审计的内容主要包括系统架构分析、接口安全、敏感信息查询、重要信息修改、输入合法性校验、数据传输加密、常见安全漏洞和合规控制八个方面。其中，系统架构分析主要包括对目标系统的架构和功能进行整体判断，集中对设计文档开展审计分析；接口安全是针对外部提交的接口安全性进行分析；敏捷信息查询、重要信息修改、输入合法性校验和数据传输加密都是对关键场景的代码进行逻辑安全方面的审计；常见的安全漏洞包括对 SQL 注入、跨站脚本攻击、跨站请求伪造等，必须对其开展审计分析；合规控制是指对客户内部的安全编码规范、行业规范等进行控制。

需要特殊说明的是安全代码审计也是通过静态和动态调试结合的方式审计应用系统代码并查找存在的安全风险的。审计的过程中需要审计人员具备安全编码基础，能够跟踪代码实现的流程。在安全代码审计过程中，需要注意以下七个方面：

- 着重对业务处理流程进行分析，确认业务逻辑是否存在安全风险。
- 查找代码中存在的敏感信息，例如万能验证码、后门密码、私钥等。
- 分析敏捷数据的加密方式，以确认加密方式是否符合安全设计要求。
- 在工具审计的技术上，查找是否存在常见的漏洞。
- 确认外部组件接口的安全性。
- 分析应用系统访问控制和会话安全的防范措施是否正确。
- 审计应用系统服务端报错信息及日志记录。

这七个方面都是商业银行 IT 组织经过多年的安全代码审计的经验积累总结的检查项。

安全代码集中式审计后，往往由开发人员测试确认漏洞存在的原因并分析提出修复建议，最终将安全审计问题输出到文档中留存，修正后及时提醒复核人员验证并关闭该问题，原则上要求修改人与复核人不为同一人。

5.7.2 静态分析安全测试

静态分析安全测试（Static Analysis Security Testing，SAST），有时也被称为迭代内白盒安全测试，是指不通过运行程序，静态检查源程序代码的安全测试方法。与动态的安全测试方法相比，静态分析安全测试可以在迭代开发阶段开展分析，提前识别出代码中的安全问题。

开发团队进行静态分析安全测试的特点在于，它不要求应用运行起来就可以开展安全测试，实施起来比较灵活。不仅如此，静态分析安全测试可以在开发人员完成编码工作后立即执行，在第一时间为团队提供应用安全质量反馈。

当前，商业银行 IT 组织内部的静态分析安全测试的安全评估阶段分为三个步骤。首先，对源代码进行扫描，产品开发团队或产品管控团队（外包产品）利用 CheckMarx 工具⊖开展源代码扫描，并组织开发人员对扫描结果开展自评估，填写漏洞清单。其次，组织各部门级功能点评估组对漏洞清单中的源代码进行评估，并将评估组的建议写入漏洞清单中，开发人员根据清单进行确认。最后，开发团队根

⊖ CheckMarx 是一款可以提供代码安全漏洞和质量缺陷扫描以及分析服务的工具。

据漏洞清单中的建议制订修复计划或说明误报原因，静态分析安全测试评估流程如表 5-4 所示。

表 5-4 静态分析安全测试评估流程

评估流程	具体内容	产出物
扫描	产品开发团队或产品管控团队（外包产品）利用 CheckMarx 工具开展源代码扫描，并组织开发人员对扫描结果开展自评估，填写漏洞清单	（1）漏洞清单 （2）CheckMarx 扫描报告
评估	组织各部门级功能点评估组对漏洞清单中的源代码进行评估，并将评估组的建议写入漏洞清单中，开发人员根据清单进行确认	（1）漏洞清单（修改版） （2）CheckMarx 扫描报告
跟进	开发团队根据漏洞清单的建议制订修复计划或说明误报原因	（1）漏洞清单（上线前最终版） （2）CheckMarx 扫描报告（上线前最终版）

安全评估阶段需要特别说明三点。第一，部门级的功能点评估组共同判定安全源代码扫描结果，判定的结果需要定性严重性，确定漏洞是否存在高危、中危、低危风险或为误报。第二，评估原则应在生产开发过程中积累并形成文档，根据过去的评估经验评估新发现的漏洞。如果从未见过该漏洞，应尽快与组织内的安全专家进行确认。第三，允许工具存在误报的现象，对于误报仅需将 CheckMarx 中的结果状态置为不可利用，如图 5-14 所示。

图 5-14 CheckMarx 工具中的结果状态栏位

针对外包厂商提供的产品，一般要求外包厂商利用自己的扫描工具开展静态分析安全测试，并提供对结果负责的承诺书。如果厂商提供的扫描工具中存在未修复漏洞，组织内对应的开发团队需要跟进漏洞直至报告中的漏洞完全被修复。

5.7.3 动态应用程序安全测试

动态应用程序安全测试（Dynamic Application Security Testing，DAST），有时也被称为迭代内黑盒安全测试，是指将运行中的应用程序当作一个完整的整体，通过运用各种安全测试工具，以黑盒测试的方式对其进行安全扫描、检查。它可以模拟对应用程序进行攻击，并确认应用程序应对攻击的防御能力。

动态应用程序安全测试的特点是，它以黑客或者攻击者的视角对应用发起安全测试。相对于静态分析安全测试中的源码安全测试，动态应用程序安全测试具备更高的准确性。与此同时，通过使用自动化安全漏洞扫描工具对应用进行安全测试，开发团队可通过安全报告，对检查出的安全缺陷及时修复，避免有问题的应用流入后续测试环境，甚至是生产环境，造成安全事故。

动态应用程序安全测试开展的时间点有两种选择，既可以在单个或一组用户故事对应的功能开发完毕后，也可以在整个迭代业务功能完成之后。单个或一组用户故事对应功能开发完毕后开展此测试相对比较分散，但优点是更快频率的修改，降低了修复成本。整个迭代业务功能完成后开展该测试会增强迭代的节奏感，但由于在迭代完成后才进行，发现问题往往无法在当前迭代修复，产生技术债。需要注意的是，这两种开展动态应用程序安全测试的时间选择并不是二选一的关系，在实际迭代开发中两者应该相互组合使用，根据实际情况选择组合方式。

当前市场上支持动态应用程序安全测试的工具很多，商业银行 IT 组织目前大部分使用 AppScan 或 OWASP ZAP 工具，其他工具使用较少。

5.7.4　黑白盒结合安全测试

黑白盒结合安全测试方法是指将黑盒渗透测试与白盒源代码安全审计相结合的安全测试方法，该方法最大限度地发现应用系统中隐藏的安全漏洞。黑白盒结合安全测试也可以理解为将静态分析安全测试和动态应用程序安全测试有效结合的测试方式，其中静态分析安全测试的代码安全审计能发现大多数代码层面的安全问题，但对成本和审计人员的技能要求比较高；动态应用程序安全测试的渗透测试，能以低成本发现一些严重问题，但并不能完全发现所有的应用安全问题；将两种安全测试方式根据实际情况结合使用，就能产生优缺点互相补充的效果，提高安全性。表 5-5 展示了渗透测试与代码安全审计的优缺点对比。

表 5-5　渗透测试与代码安全审计的优缺点对比

方法	对象	描述	优点	缺点
渗透测试	应用 / 应用层	人工模拟黑客对应用进行攻击，挖掘应用存在的安全问题	成本低，能发现一些严重问题	并不能完全发现所有的应用安全问题
代码安全审计	程序源代码	通过工具和人工方式对代码安全问题进行审计	能发现大多数代码层安全问题	成本高，对审计人员的技能要求高

从表 5-5 中，不难理解静态分析安全测试的代码安全审计是针对源代码脆弱性的测试方式，动态应用程序安全测试的渗透测试是针对运行中应用的外部攻击和威胁的安全测试方式。黑白盒测试的结合点可以总结为三点。第一，动态应用程序安全测试发现的疑似漏洞，如果能查看其静态分析代码实现原理，可以设法绕过检查，实现攻击目的；第二，动态应用程序安全测试发现漏洞后可以全面排查静态分析代码是否存在类似的情况，做到举一反三；第三，静态分析安全测试发现的疑似漏洞，可以通过动态应用程序安全测试检查其存在的真实性。

黑白盒结合安全测试可以通过一个越权漏洞的例子来说明。某敏捷产品需要新增银行卡展示的模块，在完成迭代测试后，安全测试人员对该迭代的完成功能进行黑白盒结合安全测试，通过动态应用程序安全测试模拟对查询银行卡信息接口截包，并重新上送报文对卡列表进行遍历，发现可以越权查询到他人银行卡的信息。发现该漏洞后，安全测试人员和开发人员一起重新对源代码进行安全审计，发现该接口处代码的确存在没有归属权限校验的漏洞，最终导致了该越权问题。在动态应用程序安全测试发现了该越权漏洞后，及时通过静态代码分析的方式检查了其存在的真实性，做到了黑白盒结合的安全测试。后续开发人员针对该越权漏洞代码添加了用户归属权限校验，修复了该越权问题。

5.8 工具与平台建设

今天，已经很难断言，究竟是业务驱动技术还是技术驱动业务。有些时候，业务需求成就了技术的辉煌，如 Docker 相关技术十几年前已经存在了，却在"互联网＋"的大潮下变得火热；有些时候，技术进步成就业务的飞速发展，如大数据技术催生了许多新的业务需求和盈利模式。因此，工具与平台建设不仅是为了提升工作效率和质量，也是发现新利润点的重要途径之一。工具与平台建设要兼顾企业架构和技术选型，并且要具备一定的前瞻性。例如，如果使用 IOE 技术体系，为了避免厂家锁定，可以分别选择不同厂家的存储、服务器、中间件、数据库产品；如果使用 X86 云技术体系，由于云服务尚未形成工业标准，各云平台供应商的功能很难彼此集成，需要结合企业架构，将系统分别部署在多个不同的 IaaS 云上。

5.8.1 选型原则

当下竞争环境推动商业银行实施"科技引领""数字化转型",而这两者都需要大规模使用 IT 系统。高效、规范的 IT 系统,离不开开发测试一体化平台、持续发布平台、分布式服务治理平台等工具平台的支撑。因此,敏捷 DevOps 工具平台逐渐成为提升 IT 效率和 IT 产品质量的重要手段,平台建设力求标准化、工具化、自动化、数字化、可视化。

标准化是指在一定范围内获得最佳秩序,对实际的或者潜在的问题制定共同的、可重复使用的规则的活动。标准化可以改进产品、过程和服务的适应性,减少甚至消除集成难度,促进合作。软件企业标准化有助于提高模块复用率,减缓人员流动对产品质量的冲击。标准化是质量管理的依据和基础,贯穿于质量管理的始终,包含在如下产品生命周期的多个方面:

- 操作系统环境标准化、容器化。这是提高效率、减少系统问题的有效途径,也是自动化运维的基础。容器化指运用容器思想标准化操作系统和中间件的安装配置,为快速交付、自动运维提供必要条件。
- 交付物(包括程序和文档)标准化。如今大多数软件系统都比较庞大,由一两个人即可建设完成的软件项目越来越少。标准化编程能够促进团队协作,缓解人员流动的影响,减少出现 Bug 的概率,缩减产品升级维护成本。
- 功能服务标准化。程序可按照功能划分为原子服务。原子服务具备完整事务控制,在服务内部具备强一致性,服务间无状态,方便分布式部署。服务器集群能为弹性的、高可用的 IT 基础架构提供必要条件。
- 流程标准化。在无纪律的、混乱的软件项目中,开发团队很难从软件工程研究成果中获益,因此一组符合企业环境的团队运行流程是十分必要的。这些流程分为团队内部流程和团队与组织交互流程,是促进合作、提高效率的关键。

工具化是将标准编写成工具,用工具来检查标准落实情况。计算机编程语言复杂,编码规范、编程语言最佳实践、安全规范等内容繁多,难于记忆,不便于检查,而工具化可以用程序检查标准落实情况,解决软件标准落实的问题。工具化可以提高交付物检测效率,降低标准检查难度,实现检测前移,降低问题修复成本,同时也可降低人员流动带来的知识损失。虽然检查工具尚不能像人脑一样全面、智能，但工具的优势在于高效和易推广。从效率上看，几百人的队伍编写的程序，利用工具几十分钟就能完成检查。从推广难度看，通过工具化屏蔽底层复杂性，让大多数人都可以达到相对专业的水平。工具化提升了专业技术应用广度，节约了专家时间，使专家可以专注领域研究与技术升级。这对降低总体成本、提升产品科技水平有很大的作用。

自动化是将各种工具集成到一起，形成自动化的流水线，承载标准化规定的流程。这些流水线不仅能够使运营流程更连贯，而且能够使人员快速理解和适应企业工作节奏，如软件发布流水线、需求变更控制流水线、任务管理流水线等。自动化能够解决团队面临的以下几个问题：

- 自动化"一键"搭建服务器，降低多个标准、工具学习使用的成本。
- 解决单个工具因使用方法、使用时机的差异，导致的检查信息不一致和信息孤岛问题。
- 工具本身运行时间很短，但是前期的环境准备以及后期的结果整理需要的时间很长，自动化能够给检查工具提供运行环境，整理运行结果。
- 在软件迭代开发过程中，需要不断地进行回归测试、环境准备、数据铺底、检查结果整理等过程，自动化将员工从重复性工作中解放出来。
- 自动化可以在非工作时间运行，减少等待时间，大幅提升效率。
- 自动化可以根据检查结果以及变动提交人等信息主动通知相关人员，能够尽早发现并解决问题。
- 自动化帮助员工熟悉流程，快速进入组织工作状态。

数字化是对自动化的升华，是对自动化中各种流水线运行状态的数字化表示。企业内部各种运营流水线只有经过数字化之后，才能让所有干系人了解运行状况，寻求机遇，改进不足。数字化更是为引入人工智能、实现智能化提供了数据基础。通过对流水线运行日志的建模、采集、清洗和加工，可以提供规范的企业各个方面的流水线运行状况数据。通过数据能够分析出质量的变化趋势，能够分析下一年培训费用需要花在哪个方面，能够分析哪些项目、哪些团队需要更多资源等。这些内容对于企业降本增效、提升企业竞争力有很大的帮助。数字化也是可视化的基础，为可视化提供及时、准确的信息。

可视化让数据更形象、更直观地展现给干系人。从信息沟通效率和效果看，人们从图像中获取的信息量比从文字声音中获取的信息量大，而且获取速度更快，误差相对更小。从心理学角度看，信息透明、信息公开能够消除等待与瓶颈，促进团队协作。丰田利用人们这一心理发明了看板，可视化是形成各种看板的必要条件，看板将各种数据实时展现在醒目的位置，供大家决策分析使用。

5.8.2 工具与平台建设实践

工具与平台建设分为开发过程平台建设和运行平台建设。开发平台分为持续集成、持续部署、自动化测试、任务管理、配置管理等多个子系统。下面从业务架构、数据架构、系统架构三个方面进行探讨。因篇幅所限，此处以持续集成建设为例，讨论工具与平台建设过程。建设方法以 TOGAF 为基础，做了一定的适应性裁剪。

1. 业务架构

无论系统大小，都会有其运行背景和需要解决的问题，对背景和问题的梳理，就形成了一个小的业务架构（通常业务架构以需求说明书形式给开发团队）。以软件开发过程使用的持续集成工具平台为例，首先，确定潜在的使用者；然后，根据团队采用的管理模式，梳理软件开发团队日常工作中主要的工作流程，如需求与任务管理流程、编码流程、测试流程、集成管理流程；最后，在确定流程之后，分析出各个流程上涉及的角色以及每个角色承担的工作，同时要根据流程和持续集成工具进行平台定位，确定流程的边界。下面以支持商业银行软件开发中心 Scrum 实践的持续集成设计过程为例，分析整个工具平台设计过程：

（1）确定持续集成工具平台的用户。全面了解该平台的使用者以及他们的诉求，并对使用者进行分类。可以按照用户的使用频率、工具对用户的影响大小、用户角色等方式对用户进行分类。通过分类能够快速找到关键矛盾。

（2）确定团队日常运行有哪些必做的工作和操作流程。如，在该场景下，团队成员的工作流程主要包括任务与需求管理流程、开发流水线、测试流水线。除了上述工作的流水线之外，还需要分析出开发团队与环境的交互，环境与环境之间的交互，以及相应的物流、信息流，在此场景下包括环境交互、持续集成流程、自动化反馈流程。

（3）确定流程运转时涉及的角色以及这些角色在流程运作时承担的责任。目前商业银行敏捷开发团队采用 Scrum 方式运行，由架构师确定总体架构，由 PO 分析需求、编写用户故事、形成产品待办事项列表，开发角色领取开发任务，测试角色领取测试任务。与流程分析相似，角色也不只包括人，还包括环境、服务器等。

（4）分析每个流程每个角色完成流程所需要的功能，以及功能的操作对象和属性。

2. 数据架构

数据架构包含业务架构中的对象和属性，命名规则、属性标准语义等数据字典，还包括必要的非功能描述对象和属性。本案例的主要场景是团队日常开发工作，需要分析敏捷开发团队的管理需求和企业环境的因素，拟定银行敏捷团队管理需求，结合日常运作流程设定数据架构。此例中数据架构设计主要从以下几个方面考虑：

（1）支撑日常开发工具所必需的信息，如用户故事、测试案例、版本信息等。业务模型中的对象和属性等信息必须包含在数据架构中。

（2）从数据分析角度看，主要度量三个要素：效率、效能和劳动强度。

（3）从跟踪记录角度看，希望记录的是谁、因为什么原因、在什么时间、修改了哪些内容、用了多少时间、修改效果如何。

（4）为非功能需求设计数据结构，如日志、设计等信息。

依据这些原则，结合 ISO9126 的质量模型，构建敏捷持续集成数据结构。数据结构中包括三类数据，分别是交付物数量型数据、交付物质量数据、资源消耗类数据。这些数据来自各种管理系统以及工具的检查日志。自动化采集的周期短、数据全，可以很好地利用大数据技术进行更为细致的分析，为降本增效和过程改进提供输入。

从软件工程管理角度看，数据主要来源于下列系统：工时登记系统、考勤打卡信息、配置库、任务管理系统、测试管理系统，以及各种检查工具产生的数据。还有一些数据需要从内部的客户服务部门、业务部门、运行维护部门得到。为了更好地理解这些数据，可以借助 ISO9126 质量模型。模型从三个方面量化了软件发布过程相应的质量，这三个方面分别对应 ISO9126 的过程质量、内部质量和外部质量、使用质量。使用质量是有客户评价的，强调的是客户体验。其中，内部质量数据和外部质量数据主要是持续集成工具产生的，过程质量数据和使用质量数据从对应的管理部门获得。整体数据架构如图 5-15 所示。

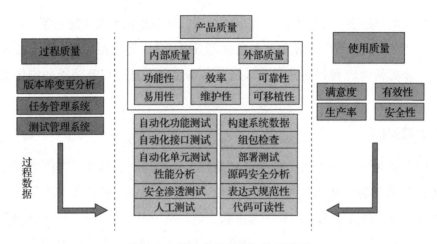

图 5-15 持续集成数据架构示意图

3. 系统架构

系统架构设计是为了实现业务架构和数据架构，并保证系统的稳定性、可用性。系统架构存在物理视图和逻辑视图，图 5-16 展示了逻辑视图。从拓扑结构看，持续集成体系包括软件开发环境（B0 为个人 PC 终端、B1 为版本库-源码管理、B2 为开发环境）、持续集成环境（B3 为 CI 环境）、迭代内测试环境（B4 为迭代内测试环境），以及为了能够让这些环境有机运作起来的配套基础支撑环境，如通知告警服务、任务管理服务、版本管理服务、调度服务等。图 5-16 展示了持续集成拓扑结构。

完成了系统架构规划，用来承载企业愿景的未来 IT 系统已经具备了实施条件。如果本企业在该领域历史包袱少或者体量较小，那么一次性割接替换比较可行；如果本企业在这个领域已经深耕多年，那么采用逐步升级的方式更为合理。无论哪种方式，都是为了保护投资、适应变化，这就是架构支撑企业敏捷转型。

第 5 章 敏捷转型的工程实践 | 109

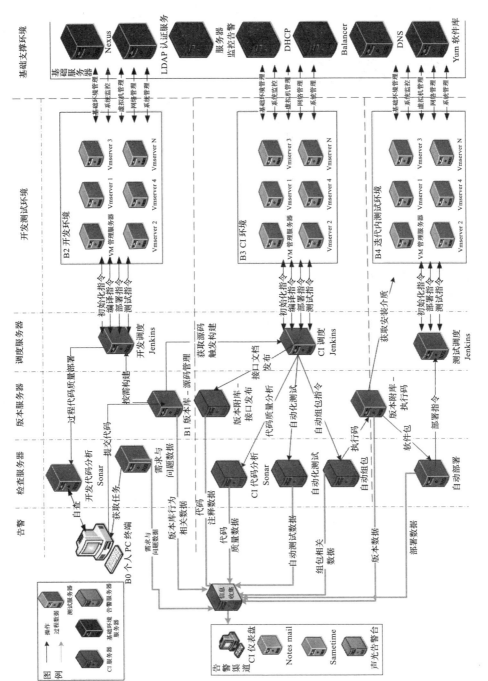

图 5-16 持续集成拓扑结构

第 6 章

敏捷转型的管理实践

6.1 引入敏捷外部咨询服务

在企业敏捷转型的过程中,可以借助外部咨询服务的力量,推动敏捷快速导入,减少敏捷转型过程中的问题和阻碍,加速企业敏捷转型。本章节围绕引入外部咨询服务的作用、选择合适的外部咨询公司以及与外部咨询公司的合作几方面展开。

6.1.1 引入外部咨询服务的作用

企业在敏捷导入过程中常常会遇到以下误区:
- 认为敏捷只是过程改进,过分强调流程文档和 PPT。
- 认为敏捷是流程和技术的问题,忽略了成员技能及团队协作能力的提升。
- 敏捷转型中缺乏企业管理层的关注与支持,忽略了组织结构的调整和优化。
- 敏捷转型中缺乏对敏捷知识和转型目标的共识,缺乏授权和目标对齐。
- 转型过程中没有让需求或业务方等参与,只在开发团队内部实施 Scrum。
- 敏捷转型没有一个明确的计划,没有建立持续改进的机制,敏捷实践浅尝辄止,最终沦为形式等。

引入外部咨询服务是解决以上问题的有效途径之一。引入外部咨询服务不是万能钥匙,但外部咨询服务的引入,一方面可为企业敏捷转型带来外部助力;另一方面,外部咨询服务引入的规模和力度,也从一个侧面反映了企业管理层敏捷转型的决心和态度。

在企业敏捷转型的各个阶段和环节，例如，从企业敏捷转型整体方案的制订、高级管理者敏捷导入，到实际团队的落地实施，都可借助外部咨询者的力量，提升敏捷转型成效。

相比其他互联网公司，商业银行敏捷转型将面临更多的来自企业组织文化等多方面的挑战和压力，更需要与外部咨询公司紧密配合，助力企业敏捷转型。企业敏捷转型过程中引入外部咨询公司，主要有以下几方面的作用。

1. 术业有专攻，提升转型成效

外部敏捷咨询公司具备一定专业素质，可对企业进行专业的敏捷基础导入。有效的培训和辅导可以加速导入过程、提升导入质量。

更重要的是，外部咨询公司一般拥有丰富的指导和实践经验，与行业内各类公司进行过合作，可提供各类行业案例、外部资源、交流平台等，促进敏捷快速落地，同时提升企业敏捷文化。

2. 突破思维定式，洞察潜在问题

团队内部的人员相互之间太过熟悉，不易发现问题。企业成员长期处于企业管理环境和文化理念的影响下，对企业存在的问题容易形成习惯性忽视，思维受制于企业原有组织文化，难以从整体和大局的角度，发现更多潜在问题或提出更具创新性、变革性的方案和理念。

外部咨询教练由于具备专业知识和丰富的咨询经验，有更敏锐的洞察力，且不受企业原有思维和理念的制约，能够站在更为客观和公正的角度发现企业潜在的问题，提出建设性意见，并在咨询过程中源源不断地为企业敏捷转型带来新的方法和理念。

3. 专业认同，推动落地

面对行业的专家权威，组织内部成员会有一定的认同感，有利于提升团队成员初期的配合度，有助于敏捷转型方案的执行与推广，提升敏捷转型成效，促进敏捷快速落地。

商业银行在敏捷转型过程中，更需要来自内部各部门、各级管理层的支持。进行敏捷导入时，外部教练可以更专业地将敏捷的价值和核心思想传达给组织管理者，帮助获得管理层的关注和支持，有力推动敏捷进一步落实。

4. 统一理念，营造氛围

当企业需要进行转型变革时，请专业咨询公司进行针对性的专业辅导，有利于提高组织成员的重视程度，通过逐步的理念渗透和氛围营造，让大家在思维上先敏捷起来，增强转型成效。

5. 降低成本和风险

企业在敏捷转型过程中，也可以选择聘请一定数量的有经验的专业人士加入组织，但选聘和培养专业合适的自有人员不仅需要较长的一个过程，而且也存在一定的成本和风险。与应聘者有限的接触、短时间的交流，并不能全面、综合、立体地了解其个人能力。即使组织找到了有能力胜任的应聘者，但后期发现其与组织无法匹配，无法有效推动企业变革，再裁掉或辞退的成本更大。敏捷咨询公司可以在特定的较短时间段内帮助企业开展敏捷工作，快速发现并解决问题，当企业敏捷转型工作进入一定的稳定期后适时退出。在有限的预算下，引入敏捷咨询，可以通过其专业的理论基础、丰富的实战经验，加速企业敏捷落地，通过避免各类常见问题，让组织敏捷转型更成功。

6.1.2　选择合适的外部咨询公司

以下几个方面，可作为选择咨询公司时的一些考虑因素：

- 服务类型。一般提供各类认证课程、定制企业内训、咨询答疑、现场辅导等服务。
- 咨询范围。须涵盖需求管理、敏捷开发实施、敏捷团队建设等多方面。
- 擅长领域。不同咨询公司由于其合作企业及背景不同，擅长的企业类型领域也有所不同，包含互联网企业、传统通信企业、金融机构等。商业银行由于其组织结构及企业文化等各方面与互联网等企业有较大的不同，故在选择敏捷咨询公司时，也应尽量选择与同业同类型公司进行过合作、有类似经验的咨询团队，基于原有经验，可以更有效地帮助企业快速转型。
- 合作伙伴。外部咨询公司有丰富的合作伙伴，尤其是它们与国内外不同类型的企业机构进行过合作的经历，将更能为企业提供丰富的经验和综合指导。
- 核心教练团队。需要关注外部咨询机构的核心教练团队。在关注核心教练团队时，可以重点关注以下几个方面。①教练专业性。教练是否具备扎实的理论基础、获得过国际认证、掌握丰富教学经验和实战案例等,尤其要看其是否有大型组织转型经验。②教练观察和发现问题,引导和驱动团队提升的软技能。③核心教练团队是否具备不同专业领域的教练。多个教练组合,专业能力互补,可以满足不同角色、不同领域的辅导需求。

6.1.3 与外部咨询公司的合作

敏捷咨询公司可从以下几个方面为企业提供帮助。

1. 前期评估调研

每个组织都有其独特性,是一个系统工程,不仅仅是作为外在表现形式的组织架构,还包括组织间的互动关系以及组织的核心文化价值观等。因此,组织敏捷转型也需要首先进行评估调研,外部咨询公司须深度了解企业现状和特点,以便进一步制订合理的转型方案。

2. 导入方案

外部咨询教练能够凭借其丰富的咨询经验和理论水平,透彻地分析国内外行业前沿动态并结合企业实际情况,与企业一起确定目标,制订切实可行的导入方案,协助企业实现敏捷落地的突破性进展,同时协助企业评估和跟踪导入过程,发现问题,并进行不断的优化和提升。

3. 工具方法

敏捷咨询公司可提供可参考的方法、实践和工具,帮助企业优化流程、摆脱大量技术债务的束缚,引入持续集成、自动化测试等各类优秀工程技术实践和工具。

4. 团队建设及人员培养

调整组织以支持敏捷过程是敏捷转型成功的一个关键因素。

敏捷导入的结果不只是留下一套流程,更重要的是建立组织持续改进的能力,克服固有的习惯及文化冲突,建立透明、信任的管理文化,摆脱命令与控制式的管理,打造跨职能、适应性强、获授权并能自我赋能的团队。外部咨询教练可辅导企业内部关键人员,提升员工的技能、经验及能力,帮助培养和指导内部敏捷教练及意见领袖,帮助企业建立持续改善的能力。

敏捷的落地实施是一个全面和长期的过程,企业处于敏捷转型不同的时期,与外部咨询公司的合作模式也有所不同。

第一，在敏捷导入或敏捷转型的初期，一般由外部咨询公司主导。组织进行敏捷变革时，一开始对敏捷的具体实践细节往往会有诸多疑问，甚至随便裁剪。这个阶段的大部分问题是由于对敏捷方法和价值主张还不够熟悉导致的，所以，在变革初期，企业需要配合外部咨询公司进行敏捷基础导入，培训敏捷基础知识，帮助内部团队快速建设和成长。另外，人的行为受内在动力、能力和环境三个变量的影响。在敏捷导入过程中，教练技术能够帮助团队挖掘内在驱动力。教练技术中常见的"倾听""提问""反馈"等实践活动，能够帮助团队重新审视自己与自己所在环境之间的联系，找到内在驱动力，发现以前不在自己认知范围内的路径，同时，知识的学习、能力的培养，也并非通过一次培训就能建立，需要外部教练在具体工作中提供持续的深度辅导，培养团队使用敏捷实践和方法解决问题的能力。敏捷导入过程中，外部教练还可基于自身的经验，结合企业的组织特点，参考同业经验一起探讨针对企业的阶段性的转型方案。

第二，在敏捷落地过程中，仍以外部咨询公司的辅导为主，并协助企业进行阶段性调整，同时，咨询公司还能协助企业培养企业内部敏捷人才，逐步打造内部教练团队。

第三，在进入敏捷转型的深水区后，内部敏捷教练团队基本组建，合作转为企业主导，外部咨询公司配合，此时的咨询公司主要负责及时识别转型过程中的问题和痛点，为团队明确改进方向，针对性地解决问题。

6.2 试点团队

第 3 章曾提到，敏捷转型注定是一场组织变革。同时，组织从决定拥抱敏捷开始，就面临着两个重要的课题：选择怎样的变革方式，以及如何开始。推荐商业银行，特别是大型的商业银行，在敏捷转型中，采用渐进式转型策略。针对"如何开始"的问题，下面将重点介绍试点团队相关的经验，也是敏捷转型中的两条线——纵向试点与横向推广的具体实践方式。

6.2.1 试点的意义

从一个企业的范围来看，敏捷是一种新事物，刚引入一家企业的时候，大部分人会对其持有怀疑甚至否定的态度。因此，需要选择合适的试点团队，进入"早期市场"做出效果，才能吸引"主流市场"拥抱敏捷。在试点过程中培养出来的种子选手，同时也是今后为敏捷转型播撒的希望。

此外，试点有助于形成本地化的敏捷机制，为组织全面敏捷转型铺平道路。敏捷不是一个通用的标准，在不同的企业里，针对同一种敏捷实践落地的方式、方法各不相同。通过试点，可以探索出敏捷在本企业该如何落地，从而为后续开展敏捷转型的团队提供参考借鉴，有利于形成一套经过实践检验的指导方法，适当暴露组织现有文化、流程中存在的问题和矛盾，为组织的敏捷转型做好铺垫。

同时，进行试点对于组织人才培养、保持前瞻性也具有重要意义。由于敏捷和DevOps领域的知识在不断地更新与演进，试点团队作为敢为人先的"先遣部队"，可以先行先试，率先尝试新工艺、新工具和新方法；如果组织暂时不能进行激进式变革，通过试点团队的率先尝试，可以紧跟技术与工艺发展的潮流，这也是试点的另一重意义。

6.2.2 试点团队的选择

试点团队担负着重要的职责和使命，挑选试点团队的重要性不言而喻。不是每个团队都适合做敏捷试点。挑选理想的试点团队要综合考虑多方面因素。迈克·科恩（Mike Cohn）曾经在MountainGoat博客上提出了理想试点项目的四个属性，也讨论过哪种项目最适合敏捷，图6-1展示了理想试点项目的四个属性。

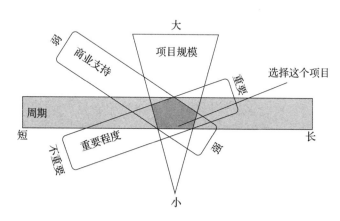

图6-1　理想试点项目的四个属性

资料来源：MountainGoat博客。

结合大师提出的框架，和具体实践中得到的经验总结，针对挑选试点团队有如下建议：

（1）关于项目周期。时间不宜过短，否则容易让大家产生一种"敏捷或Scrum

只适用于短小的项目"的误解,而持续时间也不宜过长,缓慢的节奏和收效也不利于组织的变革。最好的持续时间,大概为 3～4 个月。这样,如果采用 Scrum,两周一轮迭代的话,可以进行 6～8 轮迭代,既有利于大家充分试点敏捷工艺,感受到透明、检视和调整带来的好处,同时在迭代速率上也有一定的数据积累和趋势显现,这些都有利于量化分析和展示试点成果,帮助试点目标达成。

（2）关于团队规模。最好选择那些独立的、规模在 20 人以内的试点团队,并保证团队的所有成员坐在一起工作。第一个试点不要选择大团队,几十人或更大规模不适合做团队级敏捷的试点;如果试点项目扩大到多个团队,建议选择从一个团队开始。这样做不仅可以节省团队间的沟通成本,也容易观察到试点的效果。对于第一个试点,尽量避免选择团队之间交织依赖过于严重的项目,降低不必要的复杂性,增加试点成功的概率。

（3）关于项目重要性。很多人在进行敏捷试点时,会担心影响整体的进度和交付,因此喜欢选择那些没有外部客户和市场压力的内部产品,或者倾向于选择那些低重要性、低风险的项目,原因是如果这些项目失败或延期,对公司的核心业务没有影响。但是,在这样的项目里即使试点成功,也无法引起大家的关注和尝试的兴趣,同时没有足够的说服力,试点成功后也不敢在更大范围推广。因此,试点要选择那些在企业中相对重要,又非"性命攸关"的项目。

（4）关于业务方的参与和管理层的支持。如果缺少具有业务决策权的人参与试点,那就只能在研发范围内开展敏捷。但是业务人员处在价值流的最上游,没有业务方的参与就无法开展真正的敏捷,快速交付最大的价值。如果选择的是 Scrum 框架,那么最好有具备业务决策权的人参与到 Scrum 流程中承担 PO 的角色,同时,在推动试点的过程中,如果能得到一个积极的、有发言权的业务利益干系人或管理层的充分投入,并认可试点成果,将会有利于移除试点过程中遇到的阻碍,并为后续的敏捷转型提供更多的帮助。

以上的几个维度,都是从项目整体或团队整体来考虑的,但是团队中的人往往是更关键的要素。如果可以挑选人员的话,该如何选择？

试点团队欢迎那些积极拥抱敏捷理念,并主动学习的人,这样的人必定可以主动求变,成为组织敏捷转型变革的引领者;试点团队欢迎积极的乐观者,他们抱有的希望和具备的乐观态度,将帮助团队直面并解决试点中的问题和阻碍;试点团队也欢迎曾经怀疑过敏捷的人,他们或许有丰富的其他工艺的实施经验,对敏捷持有怀疑的态度,但又确实是谨慎、公正的工作者,那么让这类人亲身体验敏捷的好处后，他们会更富有热情、更坚定地支持和拥抱敏捷，成为敏捷转型最有说服力的宣传员。

除了团队中的人的特质，在选定了试点团队后，还要整体考察团队成员间的融合度，如有没有建设性的辩论，学习和适应方面的主观意愿与能力，技术能力和沟通能力等。最关键的是，需要一支主动尝试新事物并不畏惧失败的队伍，开始敏捷试点。

6.2.3 试点过程与注意事项

在选定了试点的项目和团队之后，在试点启动和实施的过程中，仍有诸多的注意事项，具体内容如下：

（1）组织需保证团队具备敏捷实施的基础条件。帮助打造兼具开发和测试功能的团队，为他们提供能够坐在一起办公的工作场地；为团队提供具备敏捷能力的引导者，可以是相对成熟的 Scrum Master，或者是可以长期伴随团队的敏捷教练；必要时引入外部咨询，补充敏捷知识，传授外部经验，保证敏捷能力持续提升。

（2）为团队提供"尚方宝剑"。团队除了面临着组建团队后自身 Scrum 等敏捷能力成长的困境之外，还有很多与组织内部其他部门、团队合作的阻碍。一方面，组织要尽可能公开表示对试点团队的支持，呼吁他们的伙伴尽可能去合作，甚至组织主动做出改变。如在试点团队不再使用甘特图，主动放弃计划驱动过程工件带来的控制感，从而为试点团队松绑。这也体现了组织对试点的支持和对敏捷的理解。另一方面，组织需要为团队提供有效的凭证，如突破现有流程的试点办法、公开发布的会议纪要等。

（3）为团队提供"免死金牌"。在一个严格考核 KPI 的组织中，需要特别为团队提供安全的空间，允许他们犯错，对他们在试点中暴露的问题或者出现的错误予以充分的包容。组织必须以一个更为建设性的方式进行管理，关注问题的本质和改进，而不是问题甚至问责本身。比如，在试点过程中，会对生产问题进行详尽记录，并要求在问题发生并解决的当前迭代中，团队以敏捷回顾的方式完成缺陷分析并落实改进，但是不要因此惩罚个人、团队和部门。实践表明，试点团队并未因此放松对质量的严格要求，反而使问题率逐渐下降。

（4）建立一个组织级的试点工作组。敏捷试点团队即使手握"尚方宝剑"，在很多时候也还可能在与组织内其他部门特别是管理部门的合作中遇到新的困难。如果组织本身执行了 CMMI 或者 ISO，那么这个问题可能更为显著。因此，可以建立一个组织级的试点工作组，用于协调解决试点团队在组织内遇到的障碍，这个工作组需要包含敏捷专家和组织管理框架中尽可能多的角色，如行使质量管理、项目管理、工程和效率管理职责的代表等。这个工作组的建立，也有助于后续进行共同总结，形成本企业的组织级敏捷实施规范。

（5）定期回顾，持续改进。不管是团队内部，还是试点工作组，每一个层面均须定期回顾。需要检视敏捷试点过程目标达成的进度，发现不必要的偏差，及时对试点过程进行调整，并尽快实施，以最小化进一步的偏差。正如敏捷本身倡导的，检视和调整将带来持续改进的动力。建议将定期回顾这一工作机制固化下来，由经验丰富的引导者加以引导和组织，既要引起足够的重视、在内容上有所收获，又不能成为汇报会，给工作带来额外负担。

6.2.4　试点的拓展与推广

组织是一个庞大的系统，各产品的特点、各团队自身的情况、团队间协作的方式都很复杂。仅通过一个试点团队，不足以覆盖所有想尝试的敏捷实践，或发现足够多的问题。因此，在积累了一定经验后，试点需要适当拓展。

常见的拓展是从一个试点团队变成多个试点团队，通过横向拓展达到检验试点成果或试验更多实践的目的。一方面，试点前期积累的经验（包含新工艺、新工具和组织流程处理办法）可以得到验证和改进，这也是一个试点推广过程。另一方面，可以试点不同的工艺，例如任务输入平稳的开发团队试点了 Scrum 方法，维护团队则可以试点看板方法，看板方法也适用于任务随机性强的开发产品。此外，不同试点团队会触及组织流程中的更多方面，会对流程进行再次探索，如开发流程、测试流程、项目管理流程、异地开发、产品间配合和技术解耦等，这些探索都有助于组织的管理提升与后继规模化敏捷的推进。

另外一种拓展，是敏捷试点的深入，称为纵向拓展。如果初期只是开发局部的敏捷转型，那么拓展阶段可以向前延伸到业务需求获取和价值筛选，向后延伸至投产运维和持续发布，拓展为端到端的敏捷试点。这样做更有利于快速交付完整的业务价值，有助于整体敏捷能力上一个新台阶。

试点的拓展与推广过程，会巩固提升各敏捷角色及内部敏捷教练的敏捷实施能力和团队的工程能力；组织级的试点工作组会逐步积累，让组织的敏捷管理流程从摸索阶段过渡到与当前流程的融合阶段；同时，试点拓展也是在组织的更大范围内，深入推广敏捷思想及实践。

6.3 变革委员会

6.2 节提到，试点团队在实施过程中，需要来自组织级试点工作组的支持与帮助。这个试点工作组，其实不止承担了移除障碍、沟通协调的任务，它们更是变革的引导者和转型的先驱力量，它们还有一个专业的名字，叫作企业转型社区（Enterprise Transition Community，ETC）。迈克·科恩在《Scrum 敏捷软件开发》中提出了"实施 Scrum 的一种社区驱动的方法"，就是企业转型社区，与之并列的还有一个改进社区（Improvement Community，IC）。前者发起、鼓励与支持企业进入转型，营造一种适合转型的环境，并鼓励其他社区的成立与发展；后者专注于具体事项的改进探索，如自动化测试、持续集成和 Scrum 角色技能提升等。实践中发现，在敏捷转型初期或比较高的层次，ETC 的工作比较纯粹，专注于构建转型愿景、培养变革意愿等，在转型启动后或偏向实施的部门。两项工作可能同时进行，并由同一组人承担，不妨叫它变革委员会，英文仍是 ETC。

迈克·科恩建议，ETC 的成员不超过 12 个。组织级的 ETC 由高层领导、转型发起人牵头组建，应包含敏捷专家和组织管理框架中尽可能多的角色，如需求、开发、测试、运维和行使质量管理、项目管理、工程和效率管理职责的代表等，是一支专门的跨职能改进团队。ETC 是多层次的，如某开发部作为敏捷试点部门，也可以组建部门的 ETC。ETC 成员的甄选和选择试点团队人员类似，但是一定要注意，ETC 要由转型所在组织里最资深的人员组成。

ETC 的职责就是点燃人们转型的热情，为敏捷转型的实施创造活力。ETC 要能够做到如下几个方面：清楚表达敏捷转型的背景，帮助大家理解为何实施敏捷、为何选在此时转型；鼓励对话，允许分享成功经验，也允许不同思想的碰撞；提供资源，包括在外部咨询的帮助下，引入优秀实践，为团队提供更多的资源和支持；设置合适的目标，具备清晰定义和确实可达目标的变革尝试。在某国有大型银行的实践中，设立的目标包括试点团队每两周交付一次可投产的版本等，最有成效的目标是每年更新试点部门年度质量目标，指导开发团队的单元测试覆盖率从个位数提升至 60%。此外，ETC 的职责还包括消除阻碍、鼓励对实践和原则的同时关注等。

ETC 按照 Scrum 方式运作，让变革者在战斗中学会战斗。团队有正式的启动仪式和固定的迭代周期。团队有改进 Backlog，改进 Backlog 是一份关于组织内部待发展的能力、待执行的工作或待处理问题的列表。有可视化的任务板，定期组织改进计划会议，制定改进措施，并梳理优先级，责任到人，站会跟踪，针对改进项具体内容设置评审的时间和形式，并定期组织回顾会议。

ETC 是组织在进行敏捷转型过程中一个非常重要的改进落地机制，是组织的改进引擎。在实践中发现，ETC 成员本身是最先敏捷起来的人，是组织内部敏捷教练的合适人选。他们拥有敏捷思想和对持续改进的觉察和认识，同时，ETC 是多层次的，每一层 ETC 成员靠自己只能完成一点任务，取得一点成果，他们需要依靠组织中的其他人完成实践落地，或在实施层组建另一个 ETC，在多个层次反复进行变革措施，并培养更多的变革者，在不同的范围内和层次间不厌其烦地重复变革步骤。

6.4　内部社区

好的想法在大型组织中传播得很慢，社区建设是敏捷转型成功的关键。同样的功能，不同的团队可能有不同的实现方法，社区有助于打破边界，把个人从多个跨职能团队拉到一起。社区建设主要是为企业中使用敏捷的人员提供一个交流的平台，在这个平台可以交流实践经验、分享敏捷知识、答疑解惑等。通过社区活动，最终形成一个良好的敏捷生态圈，提升企业整体敏捷工艺水平，打造优质敏捷产品。

敏捷社区是由各个部门的敏捷实践者和相关专家组成的非正式组织，大家在一个或多个领域分享敏捷实践中的专业知识和经验，驱动敏捷工艺的改进和知识的不断获取，并促进大家更多地采用新方法和新技术。社区根据当前的需要和环境进行组建。例如，来自不同 Scrum 团队的 Scrum Master 可以组成一个 Scrum Master 实践社区，大家在一起交流如何构建一个高效生产力的敏捷团队。如果开发人员和测试人员都对提升自动化测试感兴趣，大家可以组建一个自动化测试社区，一起探索相关技术和方法，提升迭代内测试效率，还可以围绕敏捷教练、持续集成、代码道场、安全、数据库等建立社区。社区分为线上和线下两种。线上社区的形式包括敏捷微课，定期发布公司和组织的敏捷动态和敏捷推广系列电子课程等。线下社区采用经验分享、培训交流、案例诊所和观摩学习等多种形式进行。

图 6-2 展示了某大型银行的线上微课。

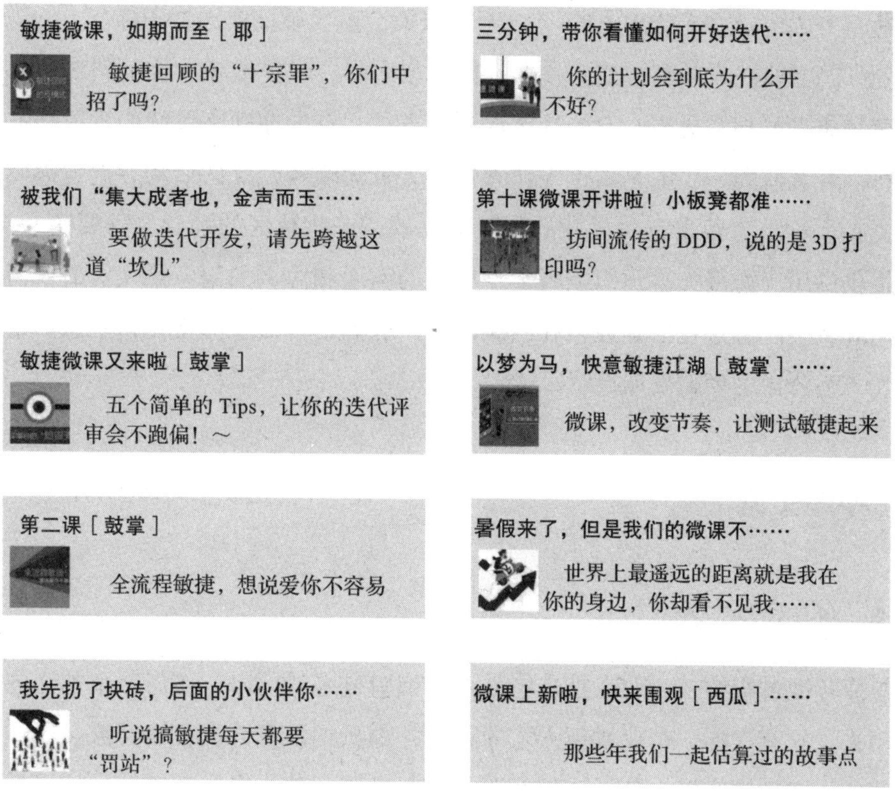

敏捷微课，如期而至［耶］ 　敏捷回顾的"十宗罪"，你们中招了吗？	三分钟，带你看懂如何开好迭代…… 　你的计划会到底为什么开不好？
被我们"集大成者也，金声而玉…… 　要做迭代开发，请先跨越这道"坎儿"	第十课微课开讲啦！小板凳都准…… 　坊间流传的 DDD，说的是 3D 打印吗？
敏捷微课又来啦［鼓掌］ 　五个简单的 Tips，让你的迭代评审会不跑偏！～	以梦为马，快意敏捷江湖［鼓掌］…… 　微课，改变节奏，让测试敏捷起来
第二课［鼓掌］ 　全流程敏捷，想说爱你不容易	暑假来了，但是我们的微课不…… 　世界上最遥远的距离就是我在你的身边，你却看不见我……
我先扔了块砖，后面的小伙伴你…… 　听说搞敏捷每天都要"罚站"？	微课上新啦，快来围观［西瓜］…… 那些年我们一起估算过的故事点

图 6-2　某大型银行线上微课

社区基本上是自组织的，有时候会由一个牵头部门或者牵头人进行组织协调。运营一个社区需要制定相应的社区章程。俗话说"没有规矩不成方圆"，有了明确的规章、制度、流程，社区成员共同遵守，才会使社区更好地发展。

例如，某大型国有商业银行建立的 Scrum Master 社区章程如下：

（1）每月举办一次社区活动，另有微信群供大家随时交流。

（2）在每次社区活动中，应共同决定下一次活动的时间、组织者和讨论的主题。

（3）全体社区成员应共同遵守一些简约的原则：①必须能叫出社区每个成员的名字；②不迟到，不早退；③迟到有惩罚，上交一笔社区经费；④三次活动不参加，视为自愿退出，后续活动不再通知；⑤多发言，多讨论，每人在每次活动中至少主动发言一次；⑥有问题，不拘泥于形式，随时沟通；⑦轮责制，每人在社区的生命周期里必须组织过一次活动；⑧每次活动主题经细化和明确后，由活动组织者发布给大家；⑨每人提前收集信息与交流素材，节省不必要的时间耗费；⑩每次活动用适当方式记录并上传到 FTP 上，不断积累，形成敏捷实践知识库。

此外，需要注意的是，建立一个社区比较容易，但是要想在大型组织里保持社区健康稳定发展却非易事。有的社区逐渐消亡了，有的在断断续续的垂死挣扎中艰难前行。究其原因，主要是由于工作繁忙，大家无暇顾及社区活动。这就需要管理层的支持，给员工留出自我提升的时间。此外，有些社区的运营也需要资金支持。社区提供的用于协助大型组织或者大型项目的沟通和协调的服务是无价的，值得投入时间和资金。通过社区建设，在组织内推广敏捷，传播敏捷文化，集思广益，博采众长，为公司的创新发展持续赋能。

6.5 外部交流

6.5.1 外部机构交流

敏捷转型过程中，企业在推进将外部咨询引进来的同时，还需要重视让内部教练走出去，只有这样，企业敏捷人才才可与外部机构积极开展合作交流。通过与业界其他公司的敏捷交流，分享转型经验，相互借鉴，共同提升敏捷能力，提升企业影响力，建立良好的合作关系。

一方面，外部交流可选择与不同类型的企业开展交流合作，汲取各方经验，提升敏捷能力。与同业交流，可以学习敏捷理念，了解行业动态，既有信息共享，又能取长补短，也可以验证企业自身的敏捷道路方向，避免走太多弯路；与互联网公司交流，由于它们与传统企业不同，所处市场竞争更为激烈，对市场和客户的反应更为敏感，所以更强调帮助客户挖掘用户需求，响应市场变化，实现客户价值的最大化，可以从它们身上借鉴不同的敏捷经验，了解更丰富的敏捷实践案例；与外部咨询公司交流，可以更深刻地了解专业咨询公司在敏捷流程、项目管理、质量管理、需求管理、运维管理、人员培养等各方面的成功经验和方法，为自身组织级敏捷实施与管理提供帮助。

另一方面，企业间的敏捷交流也可以采用多种方式，如现场观摩和会议交流。企业可组织一些现场观摩，借鉴其他企业的敏捷优秀实践，拓宽敏捷开发视野，通过亲身参与，理解敏捷开发的工作原理及实质，结合自身工作现状，引入先进经验并进行灵活运用和推广，为后续的工艺改进及流程完善提供有效的输入。企业也可以组织会议交流，提前准备关心的问题，在会议中围绕核心问题开展交流，了解业界对于敏捷核心理念的理解、工具的使用、方法的灵活应用等新动向，更深刻地了解敏捷工艺作为新兴开发工艺的优势。

6.5.2 国内外会议交流

企业还可以积极参与各类国内外敏捷会议及社区活动，通过敏捷先进企业的分享，掌握最新领域的知识与实践，提升企业敏捷文化，推进组织敏捷方法健康发展。这样既提高了人员的技术能力，也促进了技术氛围的培养，适应当今技术变革发展的需要，支撑企业的可持续性发展。

不同类型的国内外会议，主题和目标各有不同。与敏捷相关的国内外会议有：质量竞争力大会（TiD Conference）、DevOps 国际峰会（DevOps International Summit，DOIS）、DevOpsDays 大会等。

每年的各类行业会议，会议主题和研究领域都会与时俱进，不断扩充变化，研讨内容也会根据行业现状涌现出很多新的议题。通过参加这些会议，可以获取行业最新动态、各类研究及实践成果，为企业的持续改进带来新的方向，注入新的活力。

另外，企业成员也可以作为讲师积极参与其中，在平时的敏捷实践过程中，要不断总结和提炼本企业的敏捷实践经验和经典案例，不仅可为本企业后续进一步的敏捷推广积累丰富的经验成果，同时也可将成果分享到业界，相互交流，相互借鉴，增强企业的影响力和竞争力。

第 7 章

敏捷转型的人才保障

7.1 人才队伍建设

7.1.1 新角色

实施敏捷转型，会引入一些新的人员角色。以各大公司广泛使用的 Scrum 为例，Scrum 开发方法框架有 3 个角色：产品负责人（Product Owner）、开发团队和 Scrum Master。产品负责人和 Scrum Master 的角色都是崭新的，公司在进行敏捷转型前没有相对应的角色。

1. 产品负责人

产品负责人对价值负责，关注产品的投资回报。工作职责是建立产品愿景，定义产品功能，提供一份明确的、可度量的产品待办列表，并为实现业务目标对产品待办列表中的各项内容进行优先级排序。产品负责人对产品负责，确定产品的版本发布目标和日期，并根据反馈调整产品待办列表中的内容和优先级。产品负责人要参与 Sprint 活动，接受或拒绝 Scrum 团队的工作成果。

2. Scrum Master

Scrum Master 对流程负责，是 Scrum 流程的守护者，负责确保 Scrum 的价值观、规则和流程被团队理解和遵循，使敏捷开发思想得到相关干系人的理解和支持。Scrum Master 为产品负责人和团队服务，他的职责是保护团队，排除影响团达成目标的障碍，屏蔽外部对团队的干扰。Scrum Master 还是 Scrum 团队的敏捷教练，辅助团队更高效地协作，提升 Scrum 在整个组织中的实施效果。

产品负责人和 Scrum Master 对打造高效的 Scrum 团队至关重要。对于一个刚接触 Scrum 的组织，遴选和招聘产品负责人及 Scrum Master 要基于自愿的原则。一个优秀的产品负责人要懂业务，善于沟通，始终和 Scrum 团队在一起，能够果断地做出决定。一个优秀的 Scrum Master 要能够并愿意承担责任，全力以赴地投入，不以自我为中心，懂得如何运用自己的个人影响力，促进团队成员相互协作。

开发团队并不是新的角色，但是实施敏捷开发后，工作方式有所变化。开发团队是自组织、跨领域、多功能的团队，建议由 5～9 人组成（产品负责人和 Scrum Master 不包含在内，除非其参与实施 Sprint 待办列表中的工作）。团队成员应具备不同领域的技能，负责把产品负责人的需求在每个 Sprint 结束之前转化成潜在可发布的产品增量。团队成员要参加 Sprint 的所有活动，可视化 Sprint 实施的内容，负责维护和管理迭代待办列表并跟踪 Sprint 的进度，找到团队合作的最佳方式并持续改进。

7.1.2 角色转换

1. 项目经理

组织会保留项目经理的职位。项目经理需要管理与项目相关的所有事情，包括范围、成本、质量、沟通、风险等其他很多内容，与实施 Scrum 之前变化不大。但是，Scrum 中是没有项目经理这个角色的。Scrum 团队是自组织、自管理的，以前项目经理承担的责任转移到了 Scrum 团队身上。例如，Scrum 团队成员自己认领任务，项目经理不再分配任务。因此，项目经理要懂得放手和提供帮助，克服指导团队并替他们做决定的老习惯，不要把手伸到 Scrum 团队里，尽量避免告诉团队如何做，当 Scrum 团队有无法自己解决的问题时，可以寻求项目经理的帮助。

2. 职能经理

职能经理在 Scrum 项目中继续工作于矩阵方式下，具有将人员分配到项目中的职责，基于项目的竞争需求、开发需要以及人员的职业发展需求等做出决定。职能经理一直是领导者，在使用 Scrum 的组织中，职能经理应以"学习型组织的构建者"的方式工作，指导和培养自己团队的成员。在很多组织中都保留了职能经理对部门员工的表现进行定期评估的责任，以及决定雇用或开除的职责。组织实施

Scrum 后，职能经理需要花时间了解部门里每个项目中的成员正在做什么，更关注跨多个项目的标准和未来的方向。

3. 质量保证人员

在 Scrum 项目中，质量保证人员角色的职责保持不变，负责客观评估过程及标准过程规范、标准及程序的对比；客观评估工作产品，及标准过程规范、标准及程序的对比；沟通不符合规范的问题，并与成员和管理者确保解决不符合规范的问题；建立和维护质量保证的记录。因此，质量保证人员需要根据 Scrum 的流程和相关交付物，修改产品审计检查表、过程评审检查表等内容。其使命是保证过程得到执行，为管理层提供过程执行的可视性。

7.1.3 新角色的职业发展

Scrum Master 和产品负责人都是新角色，但银行业软件中心目前除了技术和管理，还没有敏捷方面的职位。随着 Scrum 团队慢慢成熟，Scrum Master 和产品负责人的角色技能提升，他们可以兼职担任 Scrum Master 或产品负责人，其他时间从事程序员、设计师、分析师、架构师等工作。技术方向的职位发展更看重硬技能，管理方向的职位发展更重视软技能，敏捷则需要硬技能和软技能兼备。如果 Scrum Master 和产品负责人对敏捷非常感兴趣，可以成为一名内部敏捷教练，用自己在敏捷方面的所学、所得去帮助更多的人，引领大型组织敏捷工艺提升。当然，开设敏捷的发展通道会更好。

7.2 内部敏捷教练培养

为加速敏捷实施的落地，更好地进行敏捷推广，帮助组织实现敏捷转型，需要进行内部敏捷教练队伍建设。内部敏捷教练负责持续提升各产品的敏捷能力，聚焦价值和质量，打造高效作战团队，解决敏捷推广中遇到的问题，同时，还承担着研发新工艺、新方法，并结合组织实际情况推动落地、持续改进等职责。

7.2.1 内部敏捷教练队伍建设

1. 内部敏捷教练培养目标

内部敏捷教练培养的目标是：选拔、培养一批熟练掌握敏捷相关实践方法，并具备输出辅导能力的内部敏捷教练，形成企业研发能力持续提升的中坚力量，最终建立起组织内部持续改进的敏捷文化。

内部敏捷教练分为两大类：管理教练和技术教练，两者相辅相成。管理教练能够指导团队选择合适的管理实践，从团队结构、沟通协作、需求分析、迭代运作各方面辅导团队，管理教练能力模型如图 7-1 所示。技术教练能够指导团队选择合适的技术实践，从自动化工程技术、测试策略、代码质量、技术设计各方面辅导团队，技术教练能力模型如图 7-2 所示。

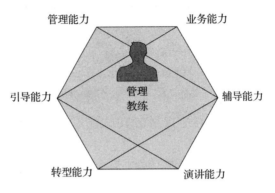

图 7-1　管理教练能力模型

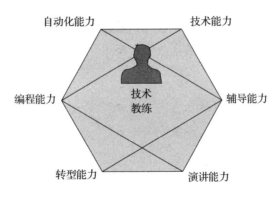

图 7-2　技术教练能力模型

2. 内部敏捷教练方向

内部敏捷教练方向包括敏捷需求方向、迭代管理方向、持续交付方向三类。表 7-1 展示了这三类方向的具体事务。

表 7-1 内部敏捷教练方向

敏捷需求方向	迭代管理方向	持续交付方向
用户/干系人管理	滚动版本规划	单主干开发
快速启动方法	用户故事与拆分	持续集成
产品愿景	产品待办清单	自动化测试
滚动版本规划	跨职能产品团队	持续交付流水线
用户故事及拆分	估算与计划	数据库自动化管理
产品待办清单	迭代管理	自动化部署
	看板管理	不停机变更
	测试前移	灰度发布
	持续交付理念	持续监控
	回顾改进	内建安全

3. 内部敏捷教练成长程序

(1) 招募。招募,也就是发现内部教练的潜在候选人,这个过程非常关键。

首先,招募应当基于自愿原则,因为这是内驱力的本源。由相关部门提名候选人,再进行筛选。首批招募规模应控制在 10 人左右,以后每半年根据所需的教练团队规模做适当扩充。

其次,招募人员要具备相关的基本素质,招募时也应该明确对教练候选人的要求。

基本要求:

- 两年以上工作经验。
- 能投入时间参加培训、学习,与教练定期沟通。
- 对研发能力提升、过程改进、引入新方法新实践有浓厚兴趣。
- 来自项目、各业务条线敏捷试点团队骨干。
- 沟通能力、协调推动能力较强。
- 将来能够在公司范围内或所属条线内部辅导其他团队。

特定要求:

- 敏捷需求方向优先考虑 PO。
- 迭代管理方向需要有项目管理、团队领导经验,优先考虑 Scrum Master、小组长等。
- 持续交付方向需要有多年开发经验,包括脚本开发经验。

最后,最好找到几个有代表性、在组织内部有一定影响力的资深人员,这对于后续的敏捷推广、推进会有意想不到的效果。当然,这样的人员要具备足够开放的心态。否则,可能造成的副作用也会很大。

(2) 培训。培训分为内部培训和外部培训。内部培训由公司内部人员进行,外部培训由外部教练实施。

培训的内容包括专项技能培训与教练技能培训。专项技能培训，是指针对参加对口试点团队的培训；而教练技能培训，则需要单独安排一次全体培训。

培训的形式为讲解与实践相结合。

培训的作用仅仅是入门，它不能保证参训人员一定掌握相关技能。但是，培训是必要的门槛，建议一定要有恰当的形式检验培训效果，如考试、实践评估等。

（3）实践。为每位内部教练候选人安排一位外部教练。如资源有限，可以安排一位外部教练辅导多位内部教练候选人。实践包括：阅读、书写总结与分享、结对培训和辅导、独立团队辅导并跟进、完成作业、随时答疑。每位教练候选人至少跟进一个团队的工作，实践并推动持续改进。若外部教练认为候选人无法投入或学习态度有问题，可以提出撤销教练候选人资格的建议。

内部敏捷教练学习成长途径有以下几方面：

- 听：参加知识体系培训，观摩外部顾问的辅导。
- 说：在公司内外社区分享、演讲，输出培训。
- 读：阅读相关领域书籍、材料，参加读书会。
- 写：从学习、阅读和实践中总结心得与教训，输出书面文章。
- 做：从事实际团队辅导工作并完成与组织敏捷推行相关的工作。

（4）评估。每半年组织一次答辩，内部教练候选人根据其知识、经验及综合能力通过考试和答辩，获得初级教练、中级教练或高级教练的证书，正式成为内部教练。组织在初期可请外部顾问参与出题和答辩评估，后期由高级教练评估其他教练。达到中级的内部教练可以作为其他候选人的教练。对于通过认证的教练，根据其级别，在年终考核中给予加分。

4. 内部敏捷教练评估等级

内部敏捷教练评估等级分为：

- **高级教练**：对敏捷有深刻理解和丰富经验，能够参与组织精益转型策略制定，完成大型复杂项目的转型，培养其他教练。
- **中级教练**：能够独立完成团队的敏捷方法导入和辅导，对外输出分享和演讲、培训，对敏捷有较深入理解。
- **初级教练**：理解掌握敏捷的基础知识和方法，能够协助跟进团队的运作，发现问题，推动改进。

5. 内部敏捷教练能力模型

表 7-2 展示了内部敏捷教练能力模型。

表 7-2　内部敏捷教练能力模型

级别	专业知识	方案制订	培训演讲	引导辅导	改进推动	分享输出	组织工作	教练培养
高级	精通内外体系知识	制订大规模/复杂场景实施方案	设计培训课程，依据受众灵活定制	规模化辅导，解决负责问题	影响中高层，协调多方解决问题	有独特洞见，内外部可分享	总结经验，公司级推广，可进行体系规划	培养中级以下教练
中级	精通业务体系	制订中小规模团队实施方案	独立/结对高质量完成培训	体系化全过程辅导团队	系统化改进计划，推进落地	参与社区分享，丰富体系内容	参与体系推广，提出改善建议	培养初级或种子教练
初级	了解业务体系	N/A	自信面对大众陈述	进行大部分精益实践辅导	识别团队问题，提出改进建议	总结、参与敏捷社区分享	进行小团队成熟度评估	N/A
种子	学习业务体系及基础敏捷理论	N/A	自信面对大众陈述	参与辅导，进行个别实践辅导	参与问题改进	参与社区建设	参与成熟度评估	N/A

注：N/A 表示"不适用"。

7.2.2　外部认证的引入

敏捷开发，以人为本。为满足公司敏捷转型的需要，应当培养一批熟悉敏捷流程及工作原理、具有敏捷思维及方法的专业人员，进一步加强敏捷队伍建设。建议打算进行敏捷转型的企业，在预算允许的情况下，尽量引入外部认证，特别是在敏捷转型的初期。

认证课程一般对其认证领域中的相关知识进行了系统的整理。认证代表的是学习经历。获得某认证，并不意味着具备了某能力，但是，一定代表其进行了某认证所整理出来的相关知识体系的系统学习，所以，引入外部敏捷认证是企业在进行敏捷转型过程中，快速建立自身的内部敏捷教练队伍的一条可靠而高效的路径。

1. 敏捷认证机构简介

目前比较权威的敏捷认证机构有 Scrum Alliance、Scrum.org、美国项目管理协会、国际信息科学考试学会。

Scrum Alliance 是敏捷社区中规模最大、影响力最大的专业认证机构，成立于 2001 年。Scrum Alliance 为 Scrum 和敏捷社区提供各种工具和资源，帮助 Scrum 的实践者以及组织学习、理解 Scrum 的价值。

Scrum.org 由肯·施瓦伯设立，肯是《敏捷宣言》的提出者之一，他和杰夫·萨瑟兰编写了 Scrum 指南。Scrum.org 提供 Scrum 资源、培训和评估。

美国项目管理协会（Project Management Institute，PMI）成立于 1969 年，是非营利性专业会员组织。美国项目管理协会创造性地制定了行业标准，由它组织编写的《项目管理知识体系指南》(PMBoK)被公认为项目管理领域最权威的教科书。

国际信息科学考试学会（Exam Institute for Information Science，EXIN）由荷兰经济事务部于 1984 年创办，是一家面向全球 ICT 从业人员的中立认证考试机构。目前其认证体系包含了敏捷开发、DevOps、云计算、信息安全等。

表 7-3 展示了这四家认证机构相关的敏捷认证对比。

2. 选择认证方式

Scrum 认证是迄今为止最为系统的 Scrum 专业资格认证。Scrum Alliance 针对 Scrum Master 及 PO 有一系列的进阶认证设置。如图 7-3 所示，Scrum 认证从基础级到导师级都有涉及。导师级认证包括认证 Scurm 培训师（CST）、认证 Scrum 企业教练（CEC）、认证 Scrum 团队教练（CTC）。此外，还有一个针对管理者的敏捷领导力 CAL（Certified Agile Leadership）认证，它分为两个级别，是一条独立的发展路径。

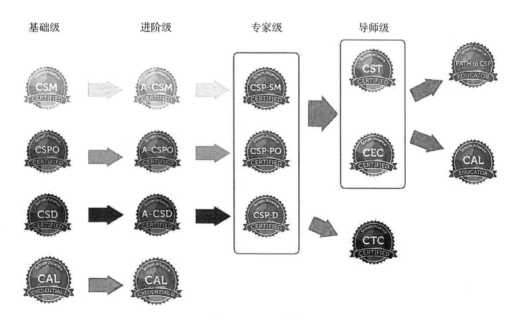

图 7-3　Scrum 认证

表 7-3 各敏捷认证产品的比较

认证产品	机构背景	目标受众	前提要求	培训要求	考试要求	考试语言	证书有效期
国际信息科学考试学会：敏捷Scrum基础&教练（EXIN：EXIN Agile Scrum Foundation & Master）	其Agile Scrum项目主要面向项目管理、软件开发、工商管理以及IT服务管理等领域内的专业人士，尤其适用于那些主导与参与项目的人群	其Agile Scrum项目主要面向项目管理、软件开发、IT服务管理及工商管理等领域的专业人士。尤其适用于那些主导或者参与项目管理的人群	无硬性前提要求，相关敏捷及项目经验十分必要	Foundation级别不要求培训；Master级别要求培训，且有实践作业	90分钟，40个客观题，65%（26 of 40）通过，禁止电子设备闭卷	英语、法语、荷兰语、日语、西班牙语、葡萄牙语六种语言	无须再认证
敏捷联盟：Scrum专家-Scrum培训师认证（Scrum Alliance：CSM/CSPO/CSD-CSP-CST/CSC）	其与Scrum.org目标人群基本一致，任何可从Scrum方法论中获益的Scrum从业人员	其与Scrum.org目标人群基本一致，任何可从Scrum方法论中获益的Scrum从业人员	要求相关工作经验；此认证要求必须缴纳会费成为Scrum联盟的会员	获得Scrum Master资质，要求由经过授权的ScrumTrainer进行两天的培训	60分钟，35个客观题，69%（24 of 35）通过	英语	每3年需要重新认证
Scrum非营利组织：Scrum开发人员认证-专业Scrum Master I & II认证-专业Scrum产品负责人认证（Scrum.org：PSD-PSM I & II-PSPO I & II）	其与Scrum Alliance目标人群基本一致，较Scrum Alliance更加开放一些。各类Scrum方法实践，主要在美国和英国开展	其与Scrum Alliance目标人群基本一致，较Scrum Alliance更加开放一些。各类Scrum方法实践，主要在美国和英国开展	无硬性要求，要求完成自我学习指导，通过开放式评估	不要求培训	60分钟，80个封闭式问题，85%（68 of 80）通过	英语	无须再认证
美国项目管理协会-敏捷管理专业人士（PMI：PMI-ACP（Agile Certified Practitioner））	其专门面向项目、项目和项目组合管理人群，是世界领先的非营利性专业会员组织。成立于1969年，通过全球宣传、合作、教育和研究，其为全球290万专业人士提供价值	美系项目管理实践的人群	2000小时综合项目经验；1500小时敏捷项目经历或使用敏捷方法论的项目经历	要求21个小时的授权培训	120个客观题，69%（69 of 100）通过	英语及汉语	每3年需提交满30个PDU和换证费来完成证书更新

资料来源：http://www.jianshu.com/p/552be0994e3e。

目前大多数刚开始进行敏捷转型的 Scrum Master 会考取 CSM，PO 会考取 CSPO，CSM 和 CSPO 是由 Scrum Alliance 颁发的权威认证。不少 Scrum Master 会选择 CSM 到 ACSM 再到 CSPSM 这样一条进阶之路。同样地，PO 会选择 CSPO 到 ACSPO 再到 CSPPO 这样一条进阶之路。

Scrum Master 也可以考取第二个认证，即 PMI-ACP。Agile Certified Practitioner（PMI-ACP）是由美国项目管理协会于 2011 年在全球 206 个国家和地区范围内，推出的敏捷实践专业人士资格认证。该认证针对不同敏捷方法的原则、实践、工具与技能而设计，不限定于某一种敏捷策略。学习中的多种案例会帮助整合相关知识和技巧，并将其合理、高效地运用在实际工作中。

国际信息科学考试学会的 DevOps Master 由该机构发布，是业内对 DevOps 实施能力的最权威认证。它将原则、知识和实践技能结合在一起，包含了关键技术实践（持续交付）、企业实施和管理流程实践（敏捷、精益、轻量级 ITSM）以及组织文化实践。培养一批熟练掌握 DevOps 技能的人员，可以大大提升产品、服务交付的质量与效率，快速响应变化，提升客户价值。

需要注意，取得证书并不是主要目的，更重要的是：获得这种学习经历；在认证过程中，了解敏捷的行业发展趋势和技术；通过授课、工作坊、实践练习等不同形式，学到角色必备的知识、技能，以便在工作中可以更好更快地理解敏捷，并学以致用，充分发挥敏捷的价值。我们提倡取得相关认证的人员对培训课程进行总结回顾，在组织内转培训，让更多人受益。

7.3 技术能力提升

7.3.1 前沿技术分享交流

伴随着近几年大数据、云计算等新技术的发展，商业银行不论是业务方面，还是技术方面都受到了以 BATJ 为代表的互联网企业的冲击。商业银行特别是其 IT 部门慢慢认识到学习新技术、新架构的重要性，开始组织一系列前沿技术分享交流活动。下面逐项介绍这些活动。

组织级技术开放日系列活动。由商业银行承办，选定一个较大的范围领域，如 DevOps，作为主题，邀请相关业内外专家学者、知名企业技术负责人、优秀实践者，采用演讲、讨论、座谈的方式，与员工分享前沿技术、实践经验。整体时间一般不超过一天，每场演讲一般为 30 ～ 40 分钟，建议设置观众提问环节。该方式的优点是辐射面广；缺点是演讲内容较为宽泛，无法聚焦细节，导致落地实施较为困难。

技术沙龙。其形式与组织级技术开放日系列活动类似，主题主要针对特定的技术或较小范围的领域，如持续集成工具主题分享。参会人员也相对较少，一般线下沙龙不超过 100 人，建议设置观众互动环节。该方式的优缺点与组织级技术开放日系列活动类似，但活动的内容更为聚焦。

新技术俱乐部。由一名或多名对该技术感兴趣的员工发起创建，由相关职能管理部门负责管理，定期组织经验分享、邀请相关技术专家开展主题分享、开展创新项目研发。该方式的优点是聚焦细节，容易落地实施；缺点是受众较少，成本较高。

技术人员大讲堂。以商业银行的一个部门为单位，每季度组织一次，一般选定 3 ～ 4 个主题，由领域专家、技术负责人、技术实践者等向部门全体员工讲解相关业务或技术，每个主题分享实践不超过 1 个小时。

前沿技术知识图谱。类似技术雷达，向全体员工以雷达的形式发布目前应用的技术，以及目前业界使用的新技术（一般在年初发布）。

线上课程。线上课程最大的优点是可以反复收听，不受地域限制。建议将一些基础的课程录制成网络课程，在技术沙龙和开放日活动时进行网络直播。

前沿技术分享交流活动各种形式的优缺点如表 7-4 所示，建议根据实际情况组合使用。

表 7-4 前沿技术分享交流活动各种形式的优缺点

形式 / 特点	辐射面	内容详细程度	课程反馈	成本
组织级技术开放日系列活动	全体员工	粗	弱，少量观众反馈	高，包括场地、嘉宾等费用
技术沙龙	特定领域员工	一般	较弱，观众提问、交流	较高，包括场地、嘉宾等费用
新技术俱乐部	特定领域员工	较细	较强，特定问题收集、提问交流等	较高，包括场地、嘉宾等费用
技术人员大讲堂	部门内员工	细	较强	一般，包括场地费用
前沿技术知识图谱	全体员工	粗	很弱，几乎没有反馈	较低
线上课程	全体员工	较粗	很弱，几乎没有反馈	低，一次性成本并且可反复收听

7.3.2 人员内功修炼

修炼内功是最重要的项目，对于商业银行 IT 部门的员工来说，内功就是自身的 IT 技能。只有科技人员自身技能不断提高，才能保障敏捷工艺真正落地。

1. 代码道场

代码道场（Coding Dojo）是一项充满活力和协作性的编程活动，其灵感来源于武术修炼。被邀请参加的人员会围绕一个小规模的主题开始编程挑战，尽管这些开发人员的技能水平不同，但在道场里大家会一起平等地思考、设计、编码。

代码道场的目的是在没有交付压力的环境中，与其他开发人员一起学习、教学和持续改进，提高设计和编程技能。参会者会被安排在一个指定房间里，房间内有一台电脑连接大屏幕，采用 TDD、结对编程、快速迭代等方式一起讨论解决方案，编写代码并对代码中的"坏味道"进行优化，从而提高代码编写技能，培养代码规范习惯，锻炼团队协作能力。

代码道场参与人数一般不超过 15 人，编程的题目和编程语言会在前一周告知。代码道场设主持人一名，主持人担任 PO 的角色，负责解释需求和理解上的所有问题。主持人首先会讲解本次编程的主题，包括背景、题目、假设条件、本次操练的规则等；接下来会将参与人员分组，每组两人，并随机挑选一组（编码组）坐到连接大屏幕的电脑前。编程以迭代的形式进行，在每个编程迭代前，可以有一段较短的计划时间，编码组采用结对编程的方式，使用 TDD 开展，如图 7-4 所示。测试驱动开发要求编码组只有在测试失败的情况下，才可以编写新的生产代码，并且要消除重复。编码组的两个人需向场下的各位参与者（观众）解释他们在做什么。如果观众提问或不理解的话，编码组必须中止编程，并向观众解释。

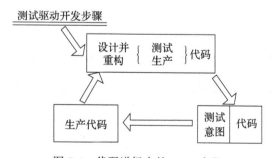

图 7-4 代码道场中的 TDD 流程

这里需要注意的是，首先，在 TDD 的红灯期间，观众只可以提问，不可以对代码设计进行评论，编码组要用最简单的方式让测试由红灯转为绿灯。只有在绿灯期间，观众才可以评论代码设计，要求编码组进行重构。其次，就是要定时轮换编程组。

通过编写代码、完成题目，代码道场能够帮助大家学习如何重构旧系统，写出可扩展、易于维护的代码，提高参与者的编码技能。

2. 代码静修

代码静修（Code Retreat）的目的是让开发人员编写出更好的代码以及更优雅地编写代码。它通过结对编程并频繁轮换搭档的形式，极大地开阔开发人员的眼界和思维。

开展代码静修的时间通常为一天，不以完成题目为目标，每一段时间（称为一个 Session，通常是一小时）都会组织全体人员开展分享和回顾，回顾后删除全部代码，更换新搭档，针对同一个目标再次练习。

为了提高大家的技能，每个 Session 会设置一个约束条件，如使用 TDD、不使用鼠标、结对时不能说话、不能使用条件表达式、每个方法不超过四行等。

为保证静修效果，活动会设置一个引导者，其作用是营造一个轻松的环境，让大家积极地交流分享。

代码静修可以帮助开发人员放下进度压力，专心思考如何让代码更优雅，如何更高效地编码；通过和不同的人结对编程，使用不同的编程语言，开阔自己的眼界。

需要强调的是，代码静修不是培训，没有讲师，参与人员编程经验不尽相同，使用的语言、开发环境也形形色色，其收获主要来自搭档，以及每个 Session 结束后的集体分享。

3. 技能竞赛

如何调动员工的学习积极性是研发部门敏捷转型的痛点之一，组织技能竞赛便是一种快速有效的形式。通过竞赛，以赛代练，以赛促学，让员工在切磋中学习知识，提升实战技能。

培养技能应用型人才，调动员工的学习积极性，掌握过硬技能是商业银行竞争的重要砝码。然而，在现实情况下，员工技能提升效果并不理想。组织技能竞赛，以赛促学，让员工在切磋中快速提升，便是一种快速有效解决上述问题的方式。

技能竞赛一般由职能部门牵头，负责整个竞赛项目的审核、组织、运行、协调和控制。各专业部门负责对具体项目的申报、宣传、组织、评奖等。

技能竞赛的组织形式为全员参与、以赛促训、赛训结合、强化技能，技能竞赛应当常态化。技能竞赛采取层层选拔、人人参与的方式，结合特殊节日，开展条线、部门、中心等各层次的技能竞赛。例如，结合 1024 程序员节，开展"正则表达式"技能竞赛。

通过搭建开源的内部竞赛平台，让专业技能竞赛可随时随地开展，实现竞赛由阶段性工作向常态化工作转变，激发全体员工的学习激情，强化员工应用技能训练和动手能力的培养，提升员工的职业能力。

7.3.3 技术能力栈建设

员工的技术能力是研发部门赖以生存的根基，但伴随着语言以及新技术的发展，技术能力的评估变得愈发困难。从研发部门角度看，部门不知道员工掌握哪些技术能力，哪些方面的技术能力欠缺，技术能力是否均衡，从而导致后续招聘、培养无从下手；从员工角度看，员工不了解部门开发的产品所用到的技术以及发展方向，自身如何提高也就无从谈起。设立技术能力栈便是解决上述问题的一种有效方式。

首先要制定技术栈设立原则并识别技术栈。技术栈的设立要从日常实施工作和部门实际用到的技术需求出发，覆盖一种或多种语言和技术，澄清每个技术栈涉及的技术范畴、适用人员范围等。以下是一个研发部门的技术栈设立原则：

- 一个技术栈主要覆盖一种类型的日常实施工作。
- 一个技术栈可能需要多种语言和技术要求。
- 一个技术栈下可能需要的多种语言和技术并不要求全部掌握。
- 不涵盖针对单一中间件（如 Zookeeper、Hazelcast 等）的深入研究类工作内容。
- 不将产品负责人、Scrum Master 以及项目经理的工作作为技术栈进行处理。

将产品负责人、Scrum Master 和项目经理三种角色的技术栈单独处理，是因为他们的职责不同，工作内容不同，所需要的专业知识也不同，不应与开发人员混合评估。这三类角色应设立单独的技术栈，独立评估。

技术栈设立后，需要对技术栈涉及的范畴进行澄清，应该请相关技术专家以及熟练掌握该技术栈的相关员工，对技术栈用到的语言、工具、技术进行详细说明。以前端 Web 服务开发为例，包括如下内容：

- 浏览器特性和调试。

- 编程语言。
- 页面技术。
- 开发调试。
- 标准规范。
- 技术框架。
- 前端工程化部署。
- 质量提升。

接下来对每名从事开发和测试相关工作的员工开展技术栈评估。评估的过程必须遵循三个原则：自主评估、绩效无关、全员公开。

自主评估是指员工根据自己胜任工作的能力等级标准，自主地开展评估。自主评估包括以下五个能力等级：

（1）不能胜任此技术栈的工作。

（2）可以在其他人的指导下，领取该技术栈的工作任务或者故事。

（3）可以独立领取该技术栈的工作任务或者故事，基本上不需要求助他人的技术指导，或者可以独立通过查询资料或者相关内容较快地完成工作。

（4）可以熟练地独立完成该技术栈的工作任务或者故事，可以在技术上帮助他人。

（5）可以对他人进行技术指导，讲授相关技术课程。

绩效无关是指评估的结果与绩效考核不挂钩。

全员公开是指评估的结果通过 Web 页面、电子表格等形式向员工所在部门公开。

评估的内容除各技术栈的评分外，还应包括技能提升阶段性目标。评估采用自评的方式，评估的结果将会向全体员工公布。评估一般每季度或每半年更新一次。

评估数据的使用方面，通过汇总各技术栈的数据，可分析人员能力是否均衡，并获得欠缺何种技术能力等信息。如图 7-5 所示，某商业银行的开发部门在移动端 iOS 原生开发、移动端 Android 原生开发、移动 /PC 端 H5 开发和后台大数据服务开发方面的技术能力较为薄弱，需开展相关活动来提高。

该部门最后采取了如下措施：

- 成立兴趣小组，定期组织分享。
- 整合内外部资源，为感兴趣的员工提供培训。

技术栈为管理层提供了可视化的评估，为其进行人力招聘、培训计划等重要决策提供了很好的支持。

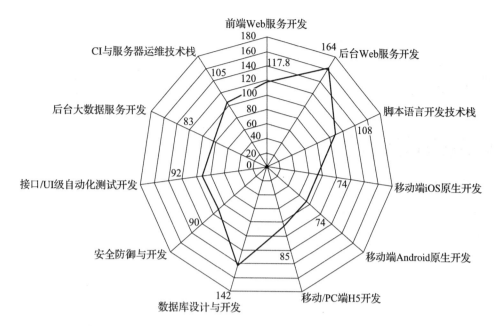

图 7-5　某商业银行的开发部门技术栈分析

第 8 章

组织级敏捷转型

8.1 规模化敏捷的挑战

所谓规模化敏捷,并不是简单地扩大使用敏捷开发的系统规模,而是在大规模应用敏捷开发方法以后,带来了诸多挑战,规模化敏捷试图解决这些挑战。

规模化敏捷有如下三个特征:人员多,交互多,交付多。人员多,表现为涉及人员多、团队多;交互多,表现为团队间交互较多,如存在多个团队共享一套代码库的情况;交付多,表现为交付的产品系统互相之间关联复杂,且要求快速高质量地交付。

规模化敏捷的挑战主要表现为:人员激发困难,看不到全景,看不到交付的直接效果,导致成就感降低;信息同步困难,角色多,分工细,信息传播路径多,导致信息传播低效;进度协同困难,系统间、团队间协同多,各自的关注点和优先级不同。

8.2 规模化敏捷框架

对于许多大型公司来说,敏捷方法在团队级存在局限性。大规模项目需要多个 Scrum 团队以敏捷的方式紧密协作,从而更快地为客户交付新产品或服务,而这面临不同团队之间协同的挑战。业内人士对此进行了多年的寻找和探索,Scrum@

Scale、Large Scale Scrum（LeSS）、Scaled Agile Framework（SAFe）等适合大规模项目的规模化敏捷框架应运而生，下面分别对这三种规模化敏捷框架进行介绍。

8.2.1 Scrum@Scale

Scrum@Scale 是一个能有效协调多团队的框架。多个 Scrum 团队组成的网络组织能够使用此框架来解决复杂的自适应难题，同时也能创造性地交付最高价值的产品。

Scrum@Scale 通过采用可自由扩展的架构（Scale-Free），彻底简化了扩展方式。它由 SoS（Scrum of Scrums）及 Meta Scrum 来协调 Scrum 各团队组成。SoS 是一个跨团队协作的 Scrum 团队，主要职能是协调团队、消除团队交付价值的障碍。它有一个跨团队的 Scrum 每日站会，每个团队都会派代表参加。一个 SoS 有一份唯一的产品待办列表作为输入，负责整合这份产品待办列表的产品负责人构成 Meta Scrum 团队。每个 SoS 都有一个相关的 Meta Scrum。Meta Scrum 将所有团队的优先级进行排列，以便整合产品待办列表，并通过与干系人达成一致来获得他们对整合后的产品待办列表的支持。

Scrum@Scale 具有基于组件的天性，允许组织自行定制其转型策略和实施方式。它赋予转型组织能力，使它们能先把转型工作聚焦于其认为最有价值或者最需要变革的区域，然后再向其他区域逐渐推进。

在 Scrum@Scale 中，需要关注从职责上分离"做什么"和"怎么做"，明确各自的权利和责任，消除妨碍多个 Scrum 团队实现最佳生产率的浪费性组织冲突。Scrum@Scale 通过两个循环来分离这两种权利：Scrum Master 循环和产品负责人循环，其中，Scrum Master 循环负责"怎么做"，产品负责人循环负责"做什么"。

8.2.2 LeSS

LeSS 是对 Scrum 的运作方式进行有效叠加和扩展的一种方式。在开发比较复杂的产品时，需要把开发任务拆分到多个 Scrum 团队里协同完成。LeSS 框架规则适用于 2～8 个团队开发的产品。

在 LeSS 框架中，产品组以团队为基础建立完整的 LeSS 结构。Scrum Master 负责 LeSS 的导入，关注团队、产品所有人、开发实践以及组织系统。对整个交付的产品有一个产品所有人和一个产品待办列表，该产品下的所有 Scrum 团队同时开始和结束一个 Sprint。它们在一起进行 Sprint 计划会的第一部分（做什么），试探性地选出每个团队的工作条目，识别依赖和风险。而每个 Scrum 团队自己完成 Sprint 计划会的第二部分（怎么做），形成自己的 Sprint 待办列表。如果存在相关性较强的任务，多个 Scrum 团队需要在一个共享空间内做 Sprint 计划会的第二部分。该产品下的所有 Scrum 团队有一致的完成定义。在迭代实施过程中，每个团队各自开每日站会。到了迭代的最后一天，所有 Scrum 团队一起开 Sprint 评审会，验收集成后的工作成果，对产品待办列表进行检视和调整。评审会结束后，每个团队有自己的 Sprint 回顾会。在团队各自的回顾会结束之后，产品负责人、Scrum Master、团队代表以及上级管理者会举行一个整体的回顾会来讨论存在的跨团队和系统性的问题，并制定相应的改进措施，在下一个 Sprint 进行跟踪和实施，持续改进。

LeSS 的基本框架图如图 8-1 所示。

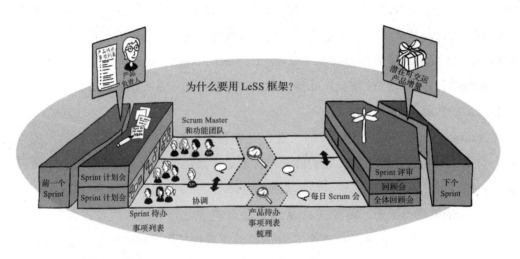

图 8-1　LeSS 的基本框架图

资料来源：https://less.works。

LeSS 在小范围内达到极致，到达一定极限后扩展成 Huge。LeSS Huge 框架适用于由 8 个以上团队开发的产品。如果没有特别指出，所有 LeSS 规则都应用于 LeSS Huge 框架。每个需求领域类似一个基本的 LeSS 框架。

8.2.3　SAFe

SAFe 定义了一个可扩展和模块化的框架，它整合了多种企业级精益–敏捷开发的模式。SAFe 适用于大规模敏捷团队的合作开发，可以提高团队之间的协作，并降低团队管理的复杂性，实现团队之间的同步化交付。它能够支持成千上万人同时参与开发、维护软件解决方案以及复杂的信息物理系统。SAFe 提炼敏捷开发、精益产品开发和系统思考的精华，并对它们加以整合、有效利用。

SAFe 有四大核心价值观：协调一致、内建质量、透明、项目群执行。这四大核心价值观支撑 SAFe 的整个运营体系。内建质量是最重要的一点，它确保每一个要素都符合质量标准，而且质量要求不是后来增加的。如果没有内建质量，软件开发就像建立在一盘散沙上，基础是不稳固的。项目群执行和协调一致是 SAFe 执行过程中最核心的地方，大家不再是单一团队、单兵作战，而是系统化地、有组织地作战，用系统思考的方式去解决问题。SAFe 将实施聚焦在项目群层级上。透明是敏捷的三大支柱之一，在工作的过程中，要做到信息透明，沟通对称、有效，让整个的研发、交付、发布实现可跟踪及可追溯。

在 SAFe 核心价值观的基础上，衍生出 SAFe 的原则，支撑核心价值观的执行，SAFe 的九大基本原则如下：

- 采取经济视角。
- 运用系统思考。
- 接受变异性，保留可选项。
- 通过快速集成学习环，进行增量式构建。
- 基于对可工作系统的客观评价设立里程碑。
- 可视化和限制在制品，减少批次规模，管理队列长度。
- 应用节奏，通过跨领域计划进行同步。
- 释放知识工作者的内在动力。
- 采用去中心化的决策。

在实施敏捷过程中，SAFe 针对大规模企业解决复杂信息物理系统的环境，提出四层可配置结构：

- 团队层：以敏捷团队为基础，采用 Scrum 或看板方法，关注内建质量，通过一个个同步和固定长度的迭代，实现待办事项列表中的故事，交付价值。
- 项目群层：团队、角色和活动围绕一个虚拟的项目群结构"敏捷发布火车"（ART）来建立，持续增量地交付客户价值。ART 具有长期存在和自组织的特点，支持投资组合层的运作。
- 大型解决方案层：可以支持大型和复杂解决方案的开发。这些兼顾经济收益、有效性、安全性的解决方案需要多个 ART、供应商和其他利益相关者的共同参与。

- 投资组合层：对一系列价值流进行组织和投资。投资组合层为满足企业战略目标的解决方案提供资金支持以及其他管理机制。

以上四层可以任意选择组合，最经典的组合（即第一种配置方式）是团队层和项目群层，它们形成了SAFe的本质层，是实施SAFe不可或缺的要素。第二种配置方式是团队层、项目群层和大型解决方案层；第三种配置方式是团队层、项目群层和投资组合层；最后一种配置方式是将四层联合起来，形成完整的规模化敏捷框架。SAFe是组织从解决简单问题到部分复杂问题，再到复杂问题的渐进，解决了不同层次的问题，其特点是组织运作灵活、可配置。

特别要说明的是，以上的项目群层和大型解决方案层都用到了敏捷发布火车的概念。敏捷发布火车（以下简称"火车"）是一个长期存在并由所有敏捷团队组成的团队，通常由50～125人组成。火车统一所有团队共同的使命，并提供定期的节奏来计划、开发和回顾。火车提供持续的产品开发流，每个火车都有专门人员，每两周一次，持续地定义、构建和测试有价值的、可评估的解决方案。

SAFe实施步骤：首先，在组织里培养大规模敏捷的推动者和实施者，使他们成为SAFe咨询顾问（SPC）；然后，培训所有的管理者，如经理、主管等，让其理解SAFe的整个框架；最后，培训团队，给团队授权和赋能，启动敏捷发布火车。

实施时需达成下述三个要点：

- 基础敏捷上采用Scrum。团队统一采用Scrum框架，建立开发、测试一体化团队，由敏捷教练进行辅导。重点培养团队的Scrum Master。
- 需求管理上采用敏捷用户故事实践，完成产品功能设计和需求实现。建立PO机制，使用敏捷需求拆分的方法，形成对后续迭代开发的良好支撑。
- 工程实践上采用CI持续集成。通过持续集成，可以帮助团队搭建起持续集成的技术平台和可视化的看板；通过自动化测试确保交付质量，做到质量内建。

在实施的思路上，一般先设定一个总体时间，可以是三个月左右，进行尝试。首先对整个团队做一周的调研评估，根据SAFe提供的评估模型进行打分。然后根据得分情况，设置第一个月、第二个月、第三个月的阶段里程碑，每个阶段里程碑都定义相应产出。企业可以先建立低两层的框架模型，从建立第一个敏捷发布火车起步，让整个的节奏贯通，在企业内部建立敏捷指导体系或敏捷指导书，把敏捷的优秀实践固化下来，使能力变成习惯，让实施敏捷的关键人员成为敏捷教练，或者SAFe咨询顾问，有效地推进SAFe规模化敏捷的执行。以后，在SAFe试点过程中，逐渐扩大规模，从 50～120 人的团队变成 500～1 200 人的团队，再到 10 000 人的团队，整个实施的过程要有稳定的可支撑的坚固框架，还要有大量懂敏捷，懂 SAFe，具备理念，愿意去执行，有主动性和积极性的规模化敏捷教练、顾问进行支撑。

8.2.4　规模化敏捷框架的比较

表 8-1 展示了几个规模化敏捷框架的比较。

表 8-1　规模化敏捷框架的比较

	Scrum@Scale	LeSS	SAFe
最小单元	Scrum	Scrum	Scrum
结构	无尺度模型（网状 Scrum）	扩展 Dev 团队	水平扩展 Scrum
人数	无限制	50 人 /LeSS 50 人 +/LeSS Huge	150 人 /ART
设计理论	Scale-Free	系统思考	金字塔分层架构

通过对比可以看到三个框架的组织结构设计：Scrum@Scale 采用 Scale-Free，支持可自由扩展的组织；LeSS 在小范围内达到极致，到达一定极限后扩展成 Huge；SAFe 到达一定上限时扩展多个 ART 和 RTE。三者都以 Scrum 作为团队基础单元。

发布火车工程师（RTE）是 SAFe 中一个非常重要的角色，负责引导敏捷发布火车的流程和执行。RTE 可以把遇到的障碍向上级汇报，帮助管理风险，确保价值交付，并推动持续改进。

8.3　规模化敏捷的实施

敏捷转型一般是从小型团队开始的，系统规模也相对较小。当企业经历了最初的敏捷试点后，必然会进行大规模推广，同时规模化的问题也必将凸显。当规模化上升到一定程度时，高效的协作会变得极富挑战性，信息流转变得更加困难，开发风险也会随之急剧上升。

规模化敏捷主要解决的就是协作问题。在大型商业银行中，协作问题主要表现为两种形态：单应用系统内不同开发团队之间的协作和多个应用系统的开发团队之间的协作。对于上述两种形态，要采用不同的规模化敏捷方法来解决协作问题。

8.3.1 单系统的规模化敏捷

大型商业银行的系统较为复杂、庞大，往往一个系统由多个开发团队负责开发测试工作。在这种情况下，一般可以通过引入 SoS 方式或者 LeSS 中的部分实践，来组织单一应用系统的多个开发团队的规模化敏捷。

SoS 将 Scrum 扩展到大型项目团队，可以让多个团队讨论他们的工作并了解项目整体进展，尤其关注跨团队协作和交叉的领域。一般情况下，Scrum 团队的 Scrum Master 负责自组织管理并进行引导；跨团队的 SoS 则由项目经理或者测试经理来负责组织。SoS 要保持简短，描述的重点在整体层面上，包括各团队交叉且共同关注的事项，例如故事的协调与分解、技术设计的结构与公共机制、跨团队的协作方式、团队结构的适应和调整等。必要时，可以借助迭代管理的相关工具识别依赖、确定价值和优先级，从而保证团队间的协作顺利进行。

8.3.2 跨系统的规模化敏捷

对于大型商业银行来说，复杂的业务背后不仅仅是复杂的信息系统，更多的是多个信息系统的共同协作。在传统开发模式下，批次化的管理要求多个信息系统统一设定开发时间、统一提交测试、统一组织上线，同样的节奏保证了系统间的协作不会产生较大的分歧。

引入了敏捷开发后，由于开发节奏不一致，会导致系统间协作出现问题。而在大型银行中，需求的实现一般需要多个系统的协作，规模化敏捷也具体表现为传统和敏捷的协作及敏捷和敏捷的协作。

对于传统和敏捷的协作，使用传统开发模式的系统仍按照批次化的管理方式进行管理，使用敏捷开发的系统按照迭代的节奏进行管理。使用传统开发模式的系统开发周期较长，使用敏捷开发的系统一般两周为一个迭代，开发周期较短。对于关联需求，往往使用传统开发模式的系统已经进入功能测试阶段了，但使用敏捷开发的系统由于自身的节奏和优先级，还没有开始开发，从而导致使用传统开发模型的系统测试受阻，无法实现端到端测试。

对于传统和敏捷的协作，使用敏捷开发的系统，由于自身的节奏、优先级排序以及依赖关系等约束，同一需求可能不在同一时刻迭代实施，产品间接口设计不同步，导致无法顺利进行联调测试。

针对上述两类规模化敏捷问题，可以从以下三个方面着手解决。

跨系统的需求沟通成本高，提前识别集成热点尤为重要。在对需求进行细化分析时，明确对集成热点的识别。对于比较复杂的集成热点要提前进行协同设计，高效卷入各个系统，避免点对点沟通，从而缩短端到端的集成周期。

依赖和协作的持续跟踪通过使用工具来进行管理。在需求层面，通过需求协同管理平台让功能和依赖可视化、在线化，并持续跟踪关联关系，保持上下文的传递；在架构和设计层面，可以建立可视化的架构视图来提升对系统架构和设计的全景认知能力，从而解决跨系统的设计依赖问题。

由于不同开发方式带来了不同的节奏，接口设计难以同步。一方面可以采用技术解耦缓解架构依赖，如使用微服务架构；另一方面可以明确接口契约沟通机制，通过契约测试来缓解测试依赖。

8.4 敏捷的规范化推进

8.4.1 组织级敏捷度量

度量是在一个特定组织的环境中形成的一系列共识，是将经验模型向量化模型进行匹配的尝试，是包含人、流程、组织和工具的一个动态系统。大型组织规范化运作都离不开数据、离不开度量。度量本身不是目的，而是手段。不是为了度量而度量，而是要结合业务目标和决策场景来确定度量指标体系。敏捷开发的特点是价值驱动、快速交付，所以，与传统开发模式略有不同，敏捷度量指标更关注敏捷团队的交付效率和质量内建效果。

效率方面，要考虑多层级的指标应用，包括用户故事层级、迭代层级以及需求层级等。组织级通过了解不同层级的交付效率，来进行针对性的改进。表 8-2 展示了敏捷度量指标中的交付效率指标。

表 8-2 敏捷度量指标（交付效率指标）

指标名称	指标定义	应用场景说明
迭代吞吐量	团队每个迭代完成交付的用户故事数量	事后应用。阶段性地对团队的迭代吞吐量进行统计，以趋势图的形式进行展现，分析团队的交付能力是否稳中有升。团队可根据当前故事的拆分能力选择使用迭代吞吐量或迭代速率进行分析
迭代速率	团队每个迭代可以交付的故事点数量	事前应用。团队的迭代速率代表了每个迭代计划完成的故事点数，是 PO 在待办列表梳理时对下一迭代进行故事安排的重要依据，也是计划会上团队领取任务的重要依据

(续)

指标名称	指标定义	应用场景说明
迭代产出	团队每个迭代完成交付的功能点数	事后应用。按迭代统计交付的功能点数，横向可以以功能点的方式分析敏捷团队的交付能力对比传统开发团队的效率；纵向可以以固定周期来分析敏捷团队交付能力的波动情况
投产频率	产品的平均投产时间间隔（自然日）	事后应用。对使用敏捷开发的产品任务的投产频率进行分析，通过投产间隔的趋势预测，不断提升产品的响应力
故事交付周期	用户故事从进入冲刺待办列表到迭代内验收通过的时间	事后应用。阶段性地对团队冲刺待办列表中用户故事的交付周期进行统计，通过控制图的形式分析团队的故事交付能力是否趋于稳定
需求开发周期	需求从开始开发（第一个用户故事从待办状态进入进行中状态）到开发完成（最后一个用户故事通过迭代评审）的时间	事后应用。阶段性地对产品的需求开发周期进行统计，分析敏捷开发对于需求的快速响应情况，促进任务的快速开发和交付
需求交付周期	需求正式下达到正式投产上线的时间	事后应用。阶段性地对需求交付周期进行统计，分析产品的实施周期，促进效率的提升

质量方面，敏捷开发更关注内建质量。由于敏捷开发节奏较快，对于代码的要求也较高，因此，内建质量更为重要。表 8-3 展示了敏捷度量指标中的质量内建指标。

表 8-3 敏捷度量指标（质量内建指标）

指标名称	指标定义	应用场景说明
单元测试自动化成功率	迭代内单元测试案例的执行成功率	事中应用。实时关注或阶段性分析 CI 仪表盘单元测试自动化成功率的相关指标情况，保持成功率稳中有升
单元测试代码覆盖率	迭代内单元测试覆盖到的代码分支和代码行数情况	事中应用。实时关注或阶段性分析 CI 仪表盘单元测试代码的覆盖率情况，以便分析该产品的自动化测试程度是否稳中有升
构建成功率	持续集成中自动化构建执行成功情况	事中应用。阶段性关注持续集成构建的执行成功率，可以衡量团队提交代码及打包版本的稳定性和成熟度，促进持续集成能力的提升
代码复杂度	对每个产品模块的圈复杂度进行汇总（圈复杂度为一个方法里面所有可能路径的最小数目）	事中应用。实时关注或阶段性分析 CI 仪表盘中产品的代码圈复杂度情况，以便分析当前产品的代码质量是否存在复杂度较高、分支较多的情况。该指标主要用于团队的自我管理，分析是否需要重构，是否质量有所下降
代码重复度	每个模块统计出重复代码行数与总代码行数比值，然后将各模块的数据综合计算得出该值	事中应用。实时关注或阶段性分析 CI 仪表盘中产品的代码重复度情况，以便分析当前产品的代码质量，是否有较多的冗余代码。该指标主要用于团队的自我管理，分析是否需要重构，是否质量有所下降
故事通过率	每个迭代完成后用户故事验收通过的情况	事后应用。阶段性统计团队的故事通过情况，分析故事不通过的原因，并进行改进。团队可使用迭代成功率来展现当前的成果情况

需要特别指出的是，敏捷度量指标主要应用在敏捷团队的自管理中，团队通过迭代内指标的统计和分析来进行自我改进，同时，敏捷团队间的差异较大，不建议将敏捷指标横向对比，更不建议将敏捷度量指标作为绩效考核指标对团队进行考核。

8.4.2　敏捷成熟度评估模型

敏捷成熟度评估模型是一套用来衡量和评估敏捷团队当前的敏捷状态和将来的目标状态的框架，评估结果用来帮助团队识别改进点，模型可以反映一个 IT 组织或者系统的敏捷程度。敏捷成熟度评估模型的主要目标是展示敏捷实施全貌、建立先进交流平台、识别团队改进点、提升敏捷运作规范程度。该模型可以服务于管理层，获取敏捷实施基线和实施报告；也可以服务于开发团队，通过自评估不断进行改进。一般情况下，敏捷成熟度评估模型并不是通用的，企业需要根据自身的特点定制适用于本企业的模型。

敏捷成熟度评估模型的制定过程如下：

（1）进行组织发展愿景及目标分析，明确成熟度模型服务的组织目标。需要对如下内容进行确认：①是否有明确的组织发展目标；②目标是否有挑战性和感召力；③目标是否能够与改进工作紧密挂钩。

（2）对模型进行初步设计并制订工作计划，建立初步模型框架及思考体系。需要对如下内容进行确认：①是否有明确的成熟度模型定位；②初步模型的框架是否能支撑组织目标；③模型是否能够触发核心关系人参与讨论；④工作流程是否明确。

（3）组织成熟度模型工作坊，建立关键干系人的模型共识。需要对如下内容进行确认：①是否基于模型建立统一语言；②模型是否达成基本共识；③是否能够合理地应用于评估；④是否能够帮助评估对象认识现状。

（4）组织模型的宣讲与反馈，达成内部模型建立目的及实施的共识。需要对如下内容进行确认：①是否通过模型制定各级改进目标；②评估维度设计是否可观测；③是否能够结合具体的团队行为评估；④是否由正确的实践牵引。

（5）建立敏捷实施基线，通过评估牵引团队设定改进目标，持续改进。需要对如下内容进行确认：①是否能够帮助被评估团队明确问题及改进；②改进工作是否能够持续跟踪；③评估及管理职责是否明确。

敏捷成熟度评估模型一般在规模化敏捷实施前建立，主要是为了避免敏捷团队在运用敏捷过程中忽略和遗漏整个工程体系的重要方面，并逐步完善敏捷开发体系的管理。敏捷成熟度评估模型一般以矩阵形式呈现,可涵盖组织发展的各个方面。模型矩阵一般分为4～5级,从入门级开始逐级递增,级别越大、成熟度越高。图 8-2 展示了一种敏捷成熟度模型矩阵。图 8-3 展示了一种敏捷成熟度级别设置。

		服务客户	技术先进	安全合规	优质高效	创新发展
引领级	L5	围绕用户的产品闭环运营体系	用户分析和实验能力	智能预警	持续响应市场变化	引领创新用户体验
跨越级	L4	以用户为中心的产品设计	自动化运维能力	安全事件快速响应	精益产品运作	利用新技术进行主动业务创新
成熟级	L3	明确的用户价值	持续发布能力	迭代安全实践	迭代增量可发布	关注新技术生态
规范级	L2	关注用户价值	持续集成	安全工具使用	单产品迭代增量可交付	持续新技术尝试
入门级	L1	需求迭代化实施	自动化工具	遵从流程标准	迭代周期产出	持续改进

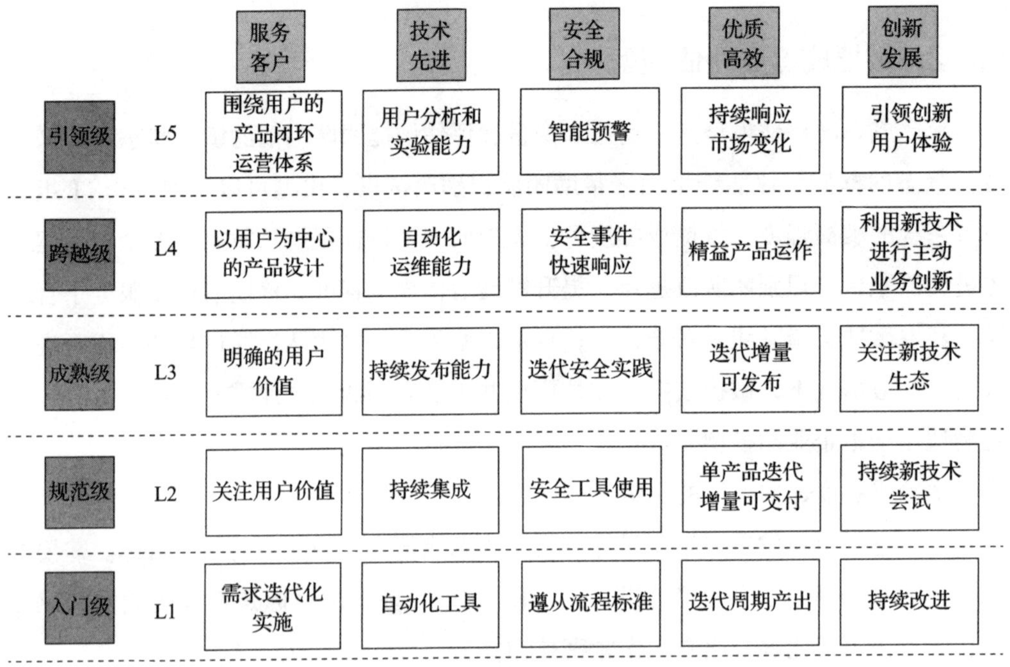

图 8-2　一种敏捷成熟度模型矩阵

业务和IT组织一体化	引领级	建立了端到端的产品市场闭环,持续响应变化,需要思考如何扩大自身影响力	L5
业务和IT协作一体化	跨越级	形成了业务和IT团队的精益协作,确立了用户价值思考,需要强化产品运营能力	L4
"需求"交付	成熟级	能够重复较好的运作模式,建立了团队规范,需要开始关注跨职能协作	L3
"任务"交付	规范级	具备在开发段进行迭代的能力,有固化运作机制,需要关注产品团队的运作规范	L2
	入门级	初步尝试敏捷开发模式,关注团队效率,需要被纳入敏捷管理体系中	L1

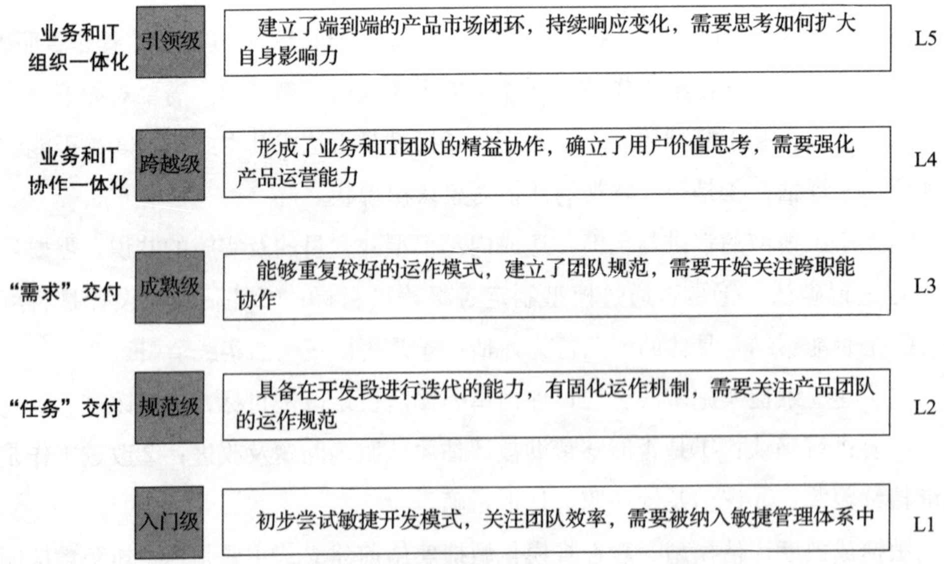

图 8-3　一种敏捷成熟度级别设置

敏捷成熟度评估模型是根植于企业组织文化的敏捷能力持续提升机制，该模型不做绩效考核，不关注技术架构，只关注敏捷实施能力。通过成熟度评估，可以建立敏捷标杆团队，使得其他团队有参照物，以进行持续提升，同时，指标的设置也会让实施团队了解当前团队的短板，从而不断改进和提升。

对于敏捷实施的规范化，初期可以采用组织检查、发现问题、组织整改的传统模式。但这种模式需要投入大量的人力，成本较高，且效果不佳。建立敏捷成熟度评估模型以后，一方面可以促进各敏捷系统由被动检查变为主动改进，提升敏捷的实施效果；另一方面可以不断营造敏捷氛围，提升敏捷文化建设。

第 9 章

敏捷转型的风险与合规

9.1 信息科技风险管理

9.1.1 商业银行信息科技风险概述

商业银行是经营风险的企业，随着业务的快速创新发展和数据的不断集中，商业银行信息系统的规模日益庞大、架构更加复杂，信息科技风险也随之增大。商业银行的信息安全形势日益严峻。目前，在商业银行的各类风险中，信息科技风险可以说是唯一能够导致商业银行全部业务在瞬间瘫痪的风险。信息科技风险已经成为银行机构的主要风险之一。

在《商业银行信息科技风险管理指引》（银监发〔2009〕19号）中，对信息科技风险的定义为："信息科技在商业银行运用过程中，由于自然因素、人为因素、技术漏洞和管理缺陷产生的操作、法律和声誉等风险。"信息科技风险管理的目标是通过建立有效的机制，实现对商业银行信息科技风险的识别、计量、监测和控制，促进商业银行安全、持续、稳健运行，推动业务创新，提高信息技术使用水平，增强核心竞争力和可持续发展能力。

商业银行的信息科技风险，可以总结为以下四大方面：

- 人员方面的风险，如操作风险、人员能力风险、外包人员风险等。
- 技术方面的风险，包括软件开发全生命周期的风险、网络攻击风险、访问控制风险及系统变更等风险。
- 管理方面的风险，如信息科技治理架构不完善、业务连续性管理不充分、信息安全风险评估不足等。
- 物理风险，如基础设施风险、物理环境风险等。

商业银行已逐步将信息科技风险纳入全面风险管理，通过构建信息科技治理体系，在公司治理的基础上进行信息科技治理，形成分工合理、职责明确、相互制衡、报告关系清晰的信息科技治理组织结构，同时，制定符合银行总体业务规划的信息科技战略、信息科技运行计划和信息科技风险评估计划，并建立持续的信息科技风险计量和监测机制。

随着商业银行对信息科技风险管理的重视程度不断提高，"三道防线"的协同机制起到了功不可没的作用。

信息科技管理作为第一道防线，通过建立层次化、立体化的信息安全防御体系，实现研发和投产变更流程的自动化、智能化，进一步提升风险的识别、预警能力。

信息科技风险管理作为第二道防线，通过将信息科技风险评估工作逐渐常态化，进一步完善信息科技风险监测机制。

信息科技审计作为第三道防线，定期对信息科技风险管理策略的运行及执行情况进行独立监督检查，及时揭示内部控制缺陷，提升合规管理能力。

商业银行通过加强"三道防线"的协同，强化以风险管理为导向的信息科技运作机制，将风险管理活动贯穿到信息科技活动生命周期的各环节当中，明确"三道防线"的工作界面和衔接点，形成信息科技活动、风险管理活动、审计活动有计划、有规则地相互协同配合，提升整体管理效能。

9.1.2 敏捷转型整体风险应对策略

在商业银行敏捷转型过程中，应从风险管控的角度出发，在必须满足外部监管要求的基础上，统筹考虑，制定相适宜的转型策略。前文针对商业银行的特殊性和敏感性，建议采用渐进式变革的稳健转型策略。在实施敏捷转型的过程中会选取试点产品进行先行先试，再将先进的敏捷实践和管理方法进行推广。

试点产品与传统银行产品系统低耦合，能够规避因局部试点出现问题导致银行应用系统大范围受影响的风险。

9.1.3 完善信息安全管理体系

商业银行信息系统的安全管理应为软件全生命周期的信息安全管理，要加强系统安全非功能性需求的分析，加强新技术风险防控，加强安全开发及安全测试管理。伴随着敏捷开发团队代码提交和发布速度的大幅度提高，开发团队需要解决好一系列新的安全挑战。例如，如何在保证快速的迭代开发和发布的基本前提下，交付具备更高安全质量的应用或者服务；如何在持续快速的变化当中了解应用当前的安全情况；如何以更具效率的方式识别安全风险、尽早消除风险、杜绝安全隐患等。敏捷迭代安全内建能够比较好地解决以上安全挑战，它是敏捷团队内建安全开发模式当中的核心内容。通过将各种安全活动和实践融入开发团队的日常活动，使应用中的安全缺陷被更早识别并尽早得到修复，从而提高应用的安全质量。

图 9-1 展示了敏捷迭代安全内建架构图。

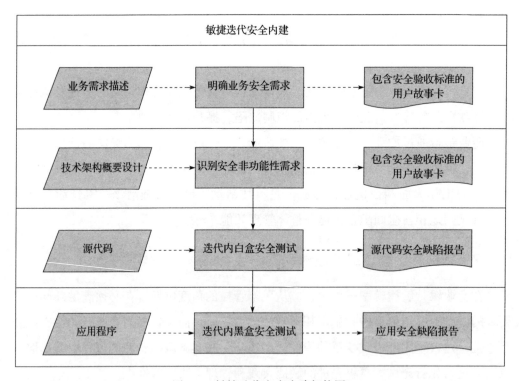

图 9-1　敏捷迭代安全内建架构图

敏捷迭代安全内建的输入由四大部分组成，并且会在敏捷迭代开发过程中的不同阶段被不同活动所使用，它们分别是：
- 来自业务方的业务需求描述。在每个迭代的待办列表梳理会议中进行安全需求梳理的时候被使用。
- 系统产品的技术架构概要设计。在每个迭代的待办列表梳理会议中进行威胁建模活动的时候被使用。
- 系统产品的源代码。在进行源代码安全测试的时候被使用，这一活动通常是在迭代开发过程中每天的固定时刻执行。
- 在测试环境中稳定运行的应用程序。在进行业务功能测试的时候被使用，这一活动通常是在每个用户故事完成开发工作后执行。

敏捷迭代安全内建的实施步骤如下。

1. 明确业务安全需求

系统产品的需求可以划分为业务强相关的功能性需求和技术强相关的非功能性需求。安全需求作为系统产品需求的一部分，也可以被划分为业务强相关的安全功能性需求（如严格的角色权限管控功能）和技术强相关的安全非功能性需求（如避免注入漏洞）。

无论采用何种方式对安全需求进行梳理分类，安全需求都应当尽可能早地被识别出来，并且通过将其转化成为用户故事中的验收标准，或者转化成为独立安全任务卡的方式，将其尽可能明确地呈现给开发团队，从而避免出现安全需求遗漏，或者出现安全需求实现不完整的问题。

通常，明确业务安全需求的工作由 PO 来主导推动，由开发人员或者安全专员协助进行，必要情况下也需要业务方的协助配合。在获取业务需求时，主动询问业务方是否有相关安全需求。若有，则可以基于这些安全需求创建出对应的独立安全故事，或者将其转化为安全验收标准加入用户故事。

2. 识别安全非功能性需求

从技术视角出发观察业务需求，会发现背后往往还伴随着一些技术强相关的安全风险，开发团队需要制定相应的应对策略或者采取技术解决方案来消除这些风险。这一类技术强相关的安全需求被称作安全非功能性需求。如，防止 Web 页面出现跨站脚本攻击漏洞，就属于典型的安全非功能性需求。

识别安全非功能性需求的工作通常由开发人员来主导推动，由 PO、测试人员以及安全专员协助完成。建议此项工作在每个迭代中的待办列表梳理会议上进行。

威胁建模由几个重要环节共同组成：威胁发现、风险评估、应对策略制定、用户故事或任务卡创建（威胁建模实施流程详见附录）。

（1）威胁发现。PO 或业务人员讲解产品的核心业务场景、安全合规要求，在此过程中，开发人员结合业务场景和技术架构概要设计，绘制出粒度适中的业务数据流向图。随后，开发团队共同基于 STRIDE 模型[⊖]寻找并记录产品面临的安全威胁。需要注意的是，在寻找威胁的时候，应当先尽可能多地寻找可能存在的威胁，在收集到尽可能多的威胁之后，再对威胁做进一步分析以筛选出真实有效的威胁。另外，在这个环节中，有可能遇到某些业务需求比较模糊，或者技术细节暂未确定的情况，此时应当将这类待确定的事项记录下来，并分配责任人进行跟进确认。

（2）风险评估。基于识别出来的威胁，依照 DREAD 模型[⊖]或者"潜在损失 - 发生概率"二维象限法对其进行风险级别评估。然后依据这些威胁的风险级别，对威胁进行优先级排序。

（3）应对策略制定。针对威胁，开发团队共同讨论、制定相应的应对策略。在此阶段需要注意避免陷入过于详细的技术细节，而应当将重点放在应对策略的制定上。

（4）用户故事或任务卡创建。在完成上述几个环节后，即可创建安全用户故事或任务卡，将威胁的具体细节、风险级别、应对策略等相关信息记录下来，并进行工作量评估，最后将卡片加入产品迭代列表（Backlog）当中。

在敏捷迭代安全内建的实施过程中，产生的一系列输出物如下：

- 经过优先级排序的安全威胁、风险清单及其对应的应对策略、技术方案。
- 包含安全验收标准的用户故事。
- 独立的安全任务卡。
- 应用源码安全质量缺陷报告。
- 第三方依赖安全检查报告。
- 应用整体安全质量缺陷报告。
- 针对用户故事相关的安全活动，纳入迭代测试报告。

在完成敏捷迭代安全内建的工作后，开发团队得到的将是一个具备较高安全质量的应用。这个应用中的一些典型安全问题已在迭代开发过程中就被识别并修复，甚至被提前规避了。与此同时，通过敏捷迭代安全内建的实施，开发团队自身的安全意识，以及与应用安全开发、安全测试相关的能力也将得到一定程度的提升，从

⊖⊖ 详细介绍见附录。

而为后续开发出具备高安全质量的应用提供支持和保障。针对遗留的安全测试问题，需在迭代测试报告中写明情况。

3. 迭代内白盒安全测试

迭代内白盒安全测试是指，在迭代开发过程中，通过直接对构成应用的源代码进行安全检查或者测试，从而尽早发现隐藏的安全质量缺陷。由于白盒安全测试是对源代码进行分析测试，不需要应用程序运行起来，因此也被称为静态应用安全测试（Static Application Security Testing，SAST）。

开发团队进行迭代内白盒安全测试的特点在于，它不要求应用运行起来就可以开展安全测试，实施起来比较灵活。不仅如此，迭代内白盒安全测试可以在开发人员完成编码工作后立即执行，在第一时间为团队提供应用安全质量反馈。

开展白盒安全测试的时机和频率可以根据开发团队的实际情况进行必要的调整。既可以在每次代码提交后立即执行，也可以每天或者每周在某个固定时刻执行。建议继续保持每天定时执行白盒安全测试。

迭代内白盒安全测试由源代码安全测试和第三方依赖安全检查共同组成。其中，对于源代码安全测试，可以继续使用 Checkmarx 和 SonarQube 平台的 FindBugs 插件，而对于第三方依赖安全检查，可以使用 OWASP DependencyCheck 对服务器端应用的依赖包进行安全检查，使用 NSP 或者 Retire.js 对前端应用的依赖包进行安全检查。

4. 迭代内黑盒安全测试

迭代内黑盒安全测试是指，将运行中的应用程序当作一个完整的整体，通过运用各种安全测试工具，以黑盒测试的方式对其进行安全扫描、检查。由于黑盒安全测试要求应用必须处于运行状态，因此也被称为动态应用安全测试（Dynamic Application Security Testing，DAST）。

黑盒安全测试的特点是，它以黑客或者攻击者的视角对应用发起安全测试。相对于白盒安全测试中的源代码安全测试，黑盒安全测试具备更高的准确性。与此同时，通过使用自动化安全漏洞扫描工具对应用进行安全测试，开发团队可通过安全报告，对检查出的安全缺陷进行及时的修复，避免有问题的应用流入后续测试环境，甚至是生产环境而造成安全事故。

黑盒安全测试可以在迭代开发中的两个不同时间点开展：用户故事完成开发工作后，以及当前迭代业务功能完成开发工作后。前者是指每当一个用户故事完成开发工作后，在业务功能测试的过程中，就进行黑盒安全测试，而后者是指在迭代中所有用户故事完成开发工作后，在版本发布前，进行黑盒安全测试。需要注意的是，这两者并非二选一的关系，而是相互组合的关系。开发团队可根据实际情况动态决定在什么时机进行黑盒安全测试。

由于黑盒安全测试的特殊性，建议主要由开发团队中的开发人员来执行，团队中的测试人员亦可参与进来。支持进行迭代内黑盒安全测试的工具有很多，建议继续使用 AppScan 或者使用 OWASP ZAP 工具。

9.2 敏捷开发的内外部审计

9.2.1 内外部审计概述

目前，业界还未形成公认的对信息系统审计的定义，国际信息系统审计和控制协会（ISACA）对其的定义为："信息系统审计是一个获取并评价证据，以判断计算机系统是否能够保证资产的安全、数据的完整以及有效率地利用组织的资源并有效果地实现组织目标的过程。"《商业银行信息科技风险管理指引》对商业银行信息科技内外部审计提出了明确的要求："商业银行通过开展对信息系统的审计，以确保满足监管合规要求，有效防范信息科技风险。信息科技风险管理工作的有效开展，离不开审计的推动和促进。"

在商业银行的三道防线中，信息科技审计属于第三道防线，承担信息科技风险控制体系运行的监督职责。通过独立审计发现问题并给出改进建议，从而提升商业银行信息科技风险管理水平，健全风险控制体系，降低信息科技风险。

由于 IT 审计专业性强，资源有限，因此，要大规模、深入、有效地开展审计工作，需要有一套全面、专业、操作性强的审计体系作为指导和支撑，同时要始终坚持以风险为导向开展 IT 审计，依据风险控制的重要性确定审计重点，关注重点区域、重点业务、重要部门、重要岗位、重要操作环节，运用科学的审计方法，合理制订审计实施方案和审计计划，优化审计资源配置，在提高审计效率的同时，保证审计质量，促进信息科技健康有序发展。

商业银行软件开发的审计贯穿于软件开发生命周期的全过程，在其生命周期的各个阶段，包括产品规划和开发、交付、运行和维护等，审计都要对软件产品本身、软件产品开发维护的工程活动、管理活动、风险控制等进行审计，并出具阶段性审计报告，及时提出改进和完善的建议，督促改进，从而保证软件开发组织朝着预期的目标前进。

商业银行软件开发内外部审计的主要内容，包括建立内审组织、制定内审管理办法、制定内审操作手册、制订年度审计计划等。

9.2.2 敏捷转型的合规要求

中国人民银行和银保监会是商业银行的主要监管机构。中国人民银行的监管侧重于金融监管。近年来随着信息科技重要性的提升，中国人民银行也开展了关于信息科技风险的监管工作。银保监会具有对银行业金融机构的业务活动及其风险状况进行现场检查和非现场检查的职能，信息科技风险是其对商业银行监管的重要方面之一。

1. 中国人民银行监管指引

为加强商业银行信息安全保障工作，中国人民银行要求各商业银行定期报送信息安全保障体系的建设状况，具体包括季报和年报。

报告分为报告和报表两部分。

报告部分主要内容如下：

- IT 规划。
- IT 治理。
- 信息安全保障整体状况，包括信息安全组织架构建设、队伍建设、标准规范和制度体系建设、信息系统等级保护测评、风险评估、安全检查、应急管理、IT 审计、安全培训、信息安全技术保障体系建设情况、灾难恢复体系建设及业务连续性管理情况、信息安全事件监测及应急响应情况、IT 外包及风险管理情况、重要信息系统建设及运行情况等。
- 存在的突出安全隐患。
- 下一步工作。

报表部分为报告部分的细化，分为基本情况和重要信息系统统计两大类。

与软件开发相关的内容主要包括标准制定建设、信息安全人员及资质情况、信息安全风险评估及整改情况、信息安全专项检查及整改情况、开发类项目集成测试覆盖率、开发类项目验收测试覆盖率、代码安全测试覆盖率、上线成功率和回退率等。

2. 银监会监管指引

银监会将信息科技风险纳入银行总体风险监管框架，借鉴和吸收国际先进标准及业界最佳实践，构建了信息科技风险监管的基础框架，以"风险为本"为监管原则，制定了一系列的监管规范，建立非现场监管体系和监管评级体系。

（1）《商业银行信息科技风险监管指引》。2009 年银监会发布了《商业银行信息科技风险管理指引》，该指引涵盖了信息科技治理，信息科技风险管理，信息安全，信息系统开发、测试和维护，信息科技运行，业务连续性管理，外包，内部审计，外部审计九个领域的内容。

指引中对信息科技风险管理和内外部审计提出了明确的要求，尤其是提出审计应贯穿于信息科技活动的整个过程。指引中包含了对软件开发风险的相关要求。如，在信息安全领域，要求根据信息系统的重要性和敏感程度，选择有效的身份验证方式；要求采取安全的方式处理保密信息的输入和输出；要求采取加密技术，防范涉密信息在传输、处理、存储过程中泄露或被篡改等。在信息系统开发、测试和维护领域，要求对信息系统的开发、变更过程制定制度和流程；要求采取适当的系统开发方法，控制信息系统的生命周期；要求保护信息系统开发、测试、维护过程中数据的完整性、保密性和一致性等。在信息科技运行领域，要求信息系统运行与开发、维护分离。

（2）银监会信息科技风险非现场监管报表。非现场监管报表围绕《商业银行信息科技风险管理指引》的监管内容，重点收集银行业金融机构信息科技治理、风险管理策略、项目管理、运行管理、网络安全、业务连续性和内外部审计等信息。

报表中针对应用软件开发的内容，涵盖了软件项目开发、项目管理、开发管理、测试管理、版本管理等领域，主要包括软件开发能力成熟度认证，软件开发规范，信息安全设计，统一的代码安全设计规范、测试规范，源代码安全检查，安全测试，版本管理规范等。

（3）银监会信息科技监管评级。借鉴骆驼（CAMEL）评级的构造模式和工作模式，银监会信息科技监管评级将信息科技的主要监管要求指标化、分值化、评级化，系统地评价商业银行信息科技的治理水平和风险管理能力。

监管评级中，建立了对软件开发的评估点，对应用系统安全、加密措施、开发管理、项目风险管理、系统开发过程、系统测试、系统验收和发布等提出了明确的要求。

（4）《商业银行业务连续性监管指引》。2011年银监会发布的《商业银行业务连续性监管指引》，阐述了加强银行业务连续性管理的意义。商业银行更应从业务角度出发，以业务持续为目标，形成应对突发事件、灾害灾难的各部门协同管理体系，加强顶层设计。指引共八章九十九条，分为总则、业务连续性组织架构、业务影响分析、业务连续性计划与资源建设、业务连续性演练与持续改进、运营中断事件应急处置、监管与处置和附则。在信息科技方面，商业银行的软件开发机构在业务连续性方面需要配合信息系统运行部门，进行应急预案的制定和维护、为信息系统应用监测提供手段、参与应急响应和处置等。

（5）《银行业金融机构信息科技外包风险监管指引》。2013年银监会针对越来越普遍的IT外包的银行商业模式，发布了《银行业金融机构信息科技外包风险监管指引》⊖，从加强金融机构对外包风险控制的角度，明确了金融机构建立信息科技外包战略和风险管理课题的要求，要求银行机构加强外包风险评估、供应商尽职调查、合同和外包过程监控，并着重强调外包服务的管理。指引共九章九十一条，包括总则、外包管理组织机构、信息科技外包战略及风险管理、信息科技外包管理、机构集中度风险管理、跨境及非驻场外包管理、银行业重点外包服务机构风险管理要求、监督管理和附则。

（6）《关于应用安全可控信息技术加强银行业网络安全和信息化建设的指导意见》。2014年，银监会发布了《关于应用安全可控信息技术加强银行业网络安全和信息化建设的指导意见》。意见中要求商业银行建立银行业应用安全可控信息技术的长效机制，制定配套政策，建立推进平台，大力推广使用满足银行业信息安全需求、技术风险、外包风险和供应链风险可控要求的信息技术。要求商业银行优化信息系统架构，建立安全、可靠、高效、开放、弹性的信息系统总体架构，在架构规划和设计中要充分考虑安全可控，要在战略角度规划和建设业务连续性系统架构，并对商业银行安全可控信息技术的应用提出量化要求。

9.2.3 敏捷与CMMI及ISO的关系

敏捷和CMMI的争论由来已久，最大的争议莫过于对文档的理解。对于敏捷开发，从敏捷宣言中即可理解其对文档的态度，"工作的软件高于详尽的文档"，对此条宣言正确的理解应为敏捷不是不写文档，而是可以工作的软件更重要。敏捷中的文档数量少，文档内容简化，文档形式灵活，编写刚刚好的文档即可。至于如

⊖ 2021年12月30日起废止。

何衡量刚刚好，一个重要的标准就是看价值。而 CMMI 是如何看待文档的呢？在 CMMI 中，希望通过文档来达到在开发过程中有效沟通的目的，同时能够支持产品运行、培训和维护升级，以及实现积累、复用、知识共享等目的。在沟通方面，敏捷是完全崇尚面对面沟通、随时随地沟通的，所以，在敏捷开发中，文档更重要的作用是一种产品知识的传承。

商业银行的软件开发组织，为了满足监管要求及海内外合规管理，其工程管理体系通常是融合了 ISO9001 质量管理体系、ISO27001 信息安全管理体系及 CMMI 模型要求的。根据上述国际通用管理的外部标准，商业银行的管理体系需要定期开展管理体系有效性的外部审核及 CMMI 模型的评估，以保持其管理体系的先进性。那么，开展敏捷转型的软件开发组织，应该如何满足上述外部审核的要求呢？

总体来说，敏捷开发的流程规范应纳入商业银行软件开发组织的统一管理体系进行管理，应以"钉钉子"的方式，将敏捷的管理要素纳入商业银行统一的软件工程管理体系进行管理，遵循现有内外部标准的要求。针对敏捷特有的流程，可以通过替代的方式来很好地应对外部的监管或审计。如，针对代码复查，除了外审要求，近些年也逐步成为监管关注的重点，敏捷开发中的结对编程，即可作为代码复查的一种形式。

CMMI 强调通过规范的流程，将人、技术、工具集成在一起，从而产生好的结果。敏捷依赖人的经验和做事的原则来快速交付高质量的产品。敏捷并不否定过程的重要性，只是和个体协同相比，前者不如后者重要。CMMI 重视流程的重要性，但是没有强调简洁的流程，事实上，增值的流程、无浪费的流程更有价值！QA 要对项目的合规性进行检查，而敏捷认为非增值的合规活动是一种浪费。在敏捷开发中，审计需要被赋予新的定义，其目标应与团队目标一致，以价值驱动为核心，在满足合规的同时，更应关注流程存在的价值。

在《精益企业》一书中提到，人们会错误地认为预防性的控制措施会更加有效。作者生动地指出："如果我们可以建立一道屏障或剥夺人们做某些事的能力，问题就不会发生。现实是，人们总是要将事情完成。如果你试图去阻止，很多人就会发挥创造性，找到绕开眼前屏障的方式。然后，为了对付这些行为，你就对更多的事情进行封锁控制。这只会进一步鼓励人们为了将事情完成而在私底下采取更加隐秘和投机取巧的方法，从而引发一种破坏性文化，导致各种危险行为。"

同样，如果在敏捷开发中，仍以上文提到的"预防性的控制措施"作为 IT 审计的流程，用以防范风险，只会为团队两周甚至更短的迭代造成障碍，导致团队的反感，迫使团队不得不想方设法绕过审计流程。怎样才能平衡好合规与团队目标之间的差异呢？可从如下方面进行尝试：

- 让负责审计的人员加入团队，了解团队使用的敏捷开发方法和团队交付的价值目标，在设计审计流程或计划时充分考虑团队的特点并尽量与之贴合。
- 将 IT 审计融入产品团队的日常工作中，以小步快跑的方式工作，将风险拆小拆细，以便恰当地管理。
- 将风险可视化，并通过辅助工具，提升审计工作的便捷性。

第 10 章

敏捷文化

2001 年发布的《敏捷软件开发宣言》，第一次用"敏捷"（Agile）这样一个词来修饰软件开发，在此之前用来修饰软件开发的一个与之类似的词是"轻量级"（Lightweight）。可以说，《敏捷软件开发宣言》给"敏捷"这个词赋予了新的意义，这也是敏捷文化的源头。

文化是一个非常抽象的概念。埃德加·沙因在《企业文化生存与变革指南》中指出："文化是一个群体的共同属性。只要一个群体具备足够多的共同经验，文化就开始形成。"自 2001 年《敏捷软件开发宣言》发布以来，敏捷软件开发已经经历了十几年的发展，全球的敏捷践行者共同经历了这一过程，共同的经验逐渐形成了今天的敏捷文化。

当前，全球的敏捷践行者已经是一个非常庞大的群体，根据 Scrum Alliance 的统计，截至 2019 年 4 月，全球获取 Scrum 专业认证的人员数量已经超过了 101 万[一]。考虑到很多敏捷人士对认证或者具体的敏捷框架持有不同的观点，或者尚未参与认证，全球敏捷践行者的数量要远远大于这个数字。敏捷践行者来自不同的国家和地区，拥有不同的文化背景，自然也形成了很多不同的敏捷亚文化。亚文化是相对于整体文化而言的。在某些深层假设上，不同的亚文化之间可能存在冲突和不一致。这种亚文化现象在敏捷文化中也并不鲜见。在不同的敏捷践行者，甚至敏捷业界有影响力的大师之间的论战和辩论中，经常可以看到不同的敏捷亚文化之间摩擦

[一] 该数据根据 Scrum.org 和 Scrum Alliance 官网中的认证人员数量计算得出。

的火花。

当下，敏捷文化的内涵和外延已经非常广泛，本书并不想尝试去完整地定义敏捷文化。本章将专注于商业银行 IT 敏捷转型的具体场景，结合具体实践经验，来讨论敏捷文化中对于敏捷转型意义重大的四个方面的内容。

10.1 开放与透明

开放与透明，在敏捷文化中具有特殊的意义。当前最主流的敏捷框架毫无疑问是 Scrum，由 Scrum 的两位创始人杰夫·萨瑟兰和肯·施瓦伯共同维护的 Scrum 指南将透明（Transparency）列为 Scrum 的三大支柱（透明、检视和调整）之一，并指出："过程中的关键环节对于那些对产出负责的人必须是显而易见的。"而 Scrum 指南将开放（Openness）作为成功推行 Scrum 必定要遵守的五大价值观（承诺、勇气、专注、开放和尊重）之一，并指出："Scrum 团队及其利益攸关者同意将所有工作和执行工作中的挑战公开。"

可以看到，透明的要义在于显而易见，而要做到显而易见，最常用的做法就是物理可视化。在内部推行敏捷的实践过程中也发现，可视化是一种力量。它可以在不知不觉中让问题得到解决，推动工作取得进展。而开放的要义则不仅仅是公开，公开只是形式。开放的本质在于，让所有人都能够坦诚地面对所有工作和执行工作中的挑战。但要在企业中真正做到这一点，绝非易事。

10.1.1 可视化的力量

在长时间的敏捷实践过程中发现，可视化是一种力量。可视化，或许称其为"视觉化"更为精确，再具体到敏捷转型中，就是要时刻关注将那些关键的、不显而易见的想法和数据进行视觉化、信号式展示。

其中最明显的例子，就是持续集成中物理仪表盘的实践。

在前文提到的持续集成中，介绍了物理仪表盘的实践。采用物理仪表盘实践的每一个敏捷团队都会在团队工位的显眼位置放一台显示器，以显示团队持续集成工作当前的运行状态。一般用绿色表示成功，用红色表示失败或者出现了需要及时进行修复的问题。

当持续集成的运行状态被可视化之后，包括团队内部和外部的人员以及各级领导者在内的所有人，都会知道红色代表失败和问题，这会自然地产生同侪压力，甚至组织级的层级压力，这将促进团队成员关注持续集成的运行状态，就产生了"可视化的力量"。

哪些类型的失败或者问题出现后，要在仪表盘上显示变红的信号，是需要被严格定义的。而且，这些被定义进仪表盘的失败或者问题，在进入仪表盘之前应该首先在团队成员中达成认识上的一致。以下是一些可用的变红信号参考：

- 构建失败。
- 自动化测试案例运行失败。
- 单元测试覆盖率下降。
- 静态代码检查发现了高优先级的缺陷。

可视化的理念在日常办公和会议中也是非常重要的。在日常工作讨论，特别是在会议讨论的时候，经常会出现前面已经说过的内容或者达成的共识，在后面的讨论中被遗忘和忽略的情况，这经常让会议讨论非常低效。通过在讨论的过程中引入可视化方法，将正在讨论的问题、重要的信息点以及达成的共识写在白板或者卡片上，让这些信息在实际的工作空间中有了物理载体，同时在交互的过程中通过信息的物理载体的创建、更新、替换和销毁，让抽象的概念和信息在物理空间中实现可视化。

在"可视化"这一点上，另一个具体的体现就是在敏捷团队的工作过程中，经常会有各种充满了卡片、白板和便利贴的工作坊形式的会议。比如，有的团队要求其 Scrum 中的计划会必须有具体实际的故事卡片，避免在计划会上集体看 PPT 或者 Excel 过故事。究其本质，实际上是希望通过强制使用便捷的物理载体，来促进知识工作者之间在抽象的信息和知识层面上的互动和协作。

当然，要真正地发挥"可视化的力量"也并非易事，特别是对很多大型企业或商业银行来说。如，大部分商业银行原有的办公环境和会议室，并不适合自由张贴和书写信息，白板笔、玻璃墙并非随处可见。这会涉及办公环境的重新布局、会议室的重新装修，甚至办公用品种类和申请方式都需要因之进行相应的改变。

在大型组织里，这样的改变烦琐而又艰难，因为往往会涉及多个部门的沟通。但是，这些改变是值得的，改变之后，企业中的每一位员工都将见识到"可视化的力量"。

10.1.2　坦诚的公开

在企业组织的日常工作中要做到"坦诚的公开"并不容易。特别是在等级分明的大型层级组织中，对权力或者权威的恭敬与尊重，会导致人们在沟通中出现不一致和冲突的时候过当地使用"缓和性语气"（Mitigated Speech）或者干脆保持沉默。在马尔科姆·格拉德威尔的《异类》一书中提到，缓和性语气这一术语是指："低调处理所说内容以取悦听众。"如上级安排通过某种方式实现某个工作目标，下属早就尝试过了，根本没有效果。此时，下属很难去说："这事儿我们早就试过了，根本没用！"下属很可能采用缓和性语气说："这个事情我们有过尝试，我们可以按照您的指示再试试。"此时，如果作为上级的管理者没有听出其中的弦外之音，及时追问："你们之前尝试的效果怎么样？"以此引出对之前尝试失败的深入讨论，并从中实现共同学习，那么，沟通基本上就结束了。上级管理者会认为工作已经安排了，下属会领回去一个他本来尝试过并且发现没有什么效果的任务，其心情也就可想而知了。在大型组织中，这种"缓和性语气"的沟通往往随处可见，特别是在上下级的沟通中，这让很多意识到这一问题的管理者开始主动提升自己的"倾听能力"，并从自身做出一些改变。但是，对此类现象进行更深入的分析会发现，这在本质上是一个等级文化盛行的问题。

要想破解这种等级文化的影响，最简单的方法就是改变组织内部的称谓。就像脸书（Facebook）的总工程师迈克尔·斯科洛普夫（Michael Schroepfer）所说："我们在公司里教育经理们要做到的一点就是，你要用名字称呼对方——我指的是用真实的名字。"但是，这种方法真正实行起来却并不简单。关于这一点，商业银行中的从业者应该深有体会，如果在某一家商业银行工作，想象在沟通或者汇报中直呼最高级管理者姓名的可行性就知道了。这不仅仅是一个公司文化层面的问题，还涉及整个中国文化对礼仪和礼貌的定义。为了应对此种情形，也有一些非常巧妙的做法，如一些互联网公司会有"花名"文化，深入地分析就会发现，这种做法非常巧妙，既避免了直呼其名的尴尬，又让组织中的每个人都可以在最常用的称呼上平等相待。这其实是一种非常明智的破解等级文化的做法。

这种通过暗示或者委婉建议的方式进行对话的情况不仅仅出现在上下级之间，在同一等级的同事的沟通中也会出现，特别是在跨越了内部组织边界或者尚未建立起足够信任关系的人员之间。筒仓效应（Silo Effort），就是存在于企业内部各个组织之间的一种文化现象。

筒仓效应又称为谷仓效应，是指企业内部因缺少沟通，部门间各自为政，就像一个个谷仓，各自拥有独立的进出系统，但缺少谷仓与谷仓之间的沟通和互动。这是一种文化现象，成因是社会团体与组织天然具备角色细化和分工的惯例与倾向。

实际上，大型组织对这个概念并不陌生，所谓筒仓，就是平常说的"组织壁垒"，也被叫作"部门墙"。筒仓效应会给组织带来各自为战、重复投入、阻碍创新等负面影响。

虽然筒仓有诸多缺点，但是并不需要彻底地消除筒仓。在企业中，各种信息繁复庞杂，没有一个人可以凭借自身的力量同时接受和处理如此多的信息，所以，筒仓实际上是人类应对超过自身处理能力的复杂性所自然涌现出来的一种分类和信息屏蔽机制，从这个意义上说，这其实也是一种群体协作机制。要应对和破除的是筒仓效应，也就是筒仓造成的负面影响。

在组织中，要破除筒仓或者降低筒仓效应造成的负面影响，一个行之有效的办法就是充分发挥组织中各种社交关系的作用。所谓组织中的社交关系，是相对于在组织结构和组织制度中定义的正式社会关系而言的。组织中正式的社会关系主要是雇佣关系、上下级关系以及团队成员关系。而组织中的社交关系则更为复杂和多样，也有更多的不确定性，比如，通过共同参加一个培训或者完成一个项目，不同的部门成员之间就有可能形成长期的友谊；同一天入职的员工之间，也有可能由于入职当天或者之后的规律性的庆祝活动形成一种群体认同。

很多公司通过主动发起组织内部的相关活动和动议来催生组织中社交关系的发生，从而有效地缓解筒仓效应的副作用。如，在吉莲·邰蒂的《边界》一书中描述了脸书公司所有的新员工都要参加一个为期6周的入职培训，该培训被称为"新兵训练营"。脸书的早期创始人之一安德鲁·博斯沃斯（Andrew BosWorth）认为："训练营的新兵往往会和同期进入公司的战友们建立起关系，而且这种关系常常能在他们加入不同团队之后仍然持续下去。"脸书的这种新兵训练营的做法，在新人被分配到各个团队和项目之后，在组织正式的团队和项目结构之上，覆盖了一层非正式的社交关系，以此来防止项目团队变得僵化和封闭，即降低了筒仓效应的影响。

其他降低筒仓效应副作用的做法还有定期举办黑客马拉松、人员轮岗等。公司一方面需要筒仓，因为在筒仓内部的成员可以更紧密、更高效地协作。另一方面，筒仓也带来了组织内部部门和团队间的沟通障碍——筒仓效应。总之，筒仓是组织发展到一定规模和阶段必然会出现的现象，组织管理者不需要彻底消除筒仓，而是应该主动地尽力催生组织中社交关系的发生，从而降低筒仓效应。

10.2 信任并验证

10.2.1 信任是有效开展知识型工作的基础

"信任"一词，有相信、任随、听凭之意，其英文对应词一般是"Trust"，意思是坚信某人或某事的可靠性、真实性、能力或力量。具体到企业管理中，信任往往指信任者对被信任者的可靠性、能力的坚信。

在当下的商业银行 IT 工作中，绝大部分工作者都可以称为德鲁克所说的知识型工作者。知识型工作的一大特点就是需要更多的思考、创新和灵活性，而对于机械性的执行和服从的要求则更少。这就要求组织的管理者能够在日常工作中充分激发出员工的活力和创新精神。《敏捷文化》一书将信任与责任作为敏捷文化的核心，在其开篇就提到："高度信任的文化以及每个人都知道结果并对结果负有责任，是活力和创新的基础。"同时提到，缺乏信任的团队会存在诸如恐惧、各种"小算盘"、缺乏参与、态度消极、居高临下、缺乏诚信、没有耐心、八卦满天飞、抱怨不断等现象。

信任在敏捷文化中非常重要。要建立信任，首先要做到管理者思维的转变，这会触及不少企业管理者对于员工的行为和特质的基本假设。关于对人性的假设在中国古代就有性善与性恶之辩，而美国行为科学家麦格雷戈更是针对企业中的人提出了著名的 X 理论和与之相对的 Y 理论。简单来说，X 理论认为，人生性懒惰，且不可信任，组织成员对工作是天生厌恶的，视工作为一种痛苦。而 Y 理论则反之，认为"人生性并非懒惰和不可信任，组织成员对工作的好恶，取决于他们所处的环境，如果组织给予积极诱导和激励，成员将渴望发挥其才智"。作为推动敏捷转型的管理者，首先要建立管理者自身对团队和成员的信任，而破除自身 X 理论假设，开始拥抱 Y 理论的假设往往是必须迈出的第一步。对管理者来说，信任是授权的基础，恰当的授权是激励员工发挥其才智的非常有效的手段。

信任是相互的，在管理者信任团队的同时，管理者自身能够获得团队的信任也非常重要。而信任只能赢得，无法强制取得。管理者只要明白了这一点，在日常与团队成员的互动中做到语言清晰明确，并言行一致，赢得团队的信任并不困难。

管理者除了建立自身对团队的信任，以及赢得团队对自身的信任之外，还有一项非常重要的工作，就是建立团队成员之间互相信任的工作氛围。要达到这一点，最主要的方法就是建立团队成员之间频繁的良性互动。具体来说，努力提高团队在敏捷实施过程中的相关仪式活动的质量和效果就是一种不错的方法。如敏捷中的计划会、每日站会、评审会，特别是回顾会，对于团队成员之间信任关系的建立是非常重要的。

10.2.2 信任，但是要验证

"信任，但是要验证（Trust，but Verify）。"在日常工作中，管理者不可避免地要对时间进度、方案与方向进行了解和把控，而商业银行更要在执行流程上满足各种上级管理部门、监管机构和自身的合规以及审计的要求。所有这些了解、把控以及合规和审计的要求，本质上都是一种验证，或者叫双重检查（Double Check）。

验证的副作用很多。最显而易见的就是会带来直接成本的增加，另外，过多的验证对于信任文化也是一种伤害。但在某些场景下，验证又是不可或缺的。特别是在商业银行的运营环境中，IT系统的稳定与高质量往往被作为生产红线，监管与合规要求也都是商业银行必须遵循的。此时，哪些方面需要验证，又应该采取何种方式进行验证，就成为一个重要的课题。

1. 掌握"验证工作最小化"原则

具体来说，就是将验证类工作控制在最小的范围内，仅验证必要的内容。这些必要的验证内容包括以下几点：

- 监管、监督要求的验证内容。验证是监督的一种手段。商业银行虽然信任其员工，但是，依然需要一些方法来验证工作的效果，验证工作执行的过程是否满足外部的审计和合规等要求。监管要求是商业银行必须遵循的，相应的验证应该被严格执行，否则，很可能在运营中埋下巨大的风险和隐患。
- 自身执行中的关键节点。所谓关键节点，就是一旦出现差错就会造成严重的生产安全问题的节点。如，很多商业银行都规定，对于生产变更的操作，都需要在输入过程中进行双人复核。
- 必要的过程和进度监控。过程和进度的统计、监控类验证往往在日常的验证类事件中占有最大的比重。这是最应该被精简的一类验证活动，但同时，又需要保留所需最小量的监控，以实现验证工作。

2. 掌握"验证工作无害化"原则

在精简和最小化验证活动的同时，在执行方式方法上还应该对验证活动进行无害化处理。所谓无害化处理，就是通过在验证过程中使用工具和相关技术方法，降低验证类活动对员工正常产出性活动的影响。如在员工的代码复查过程中引入流程辅助工具，以此避免由于要对代码复查的实际发生情况和复查质量进行验证，而要求员工进行相关复查事实证据和复查数据的报送。

3. 掌握"主动验证高于被动验证"原则

所谓主动验证即员工深刻理解、认同甚至主动发起的验证，其要义在于激发员工的责任感。责任感，在词典中的解释是"自觉地把分内事做好的心情"。要激发员工的这种心情并不容易，最重要的一点就是要让员工对于所做的事情拥有所有权。具体来说，就是让员工对所做事情的内容、方法、时间以及合作对象等拥有一定的自主权。在丹尼尔·平克的《驱动力》一书中，对此有详尽的描述。

10.3　技术卓越

这里所说的技术卓越，更多的是强调工程实践上的技术卓越，而非特指人工智能、区块链、大数据等新兴技术。通过一些日常的敏捷交流发现，不少实施敏捷转型的团队在一些基础技术实践上有很大的提升空间。敏捷开发中的各种仪式活动（如计划会、站会等）和工件（如产品待办列表、迭代待办列表等）都称为软件交付的间接作用物。所谓间接作用物，就是这些事物都是通过其他事物作用于被交付的软件的。而软件开发的工程技术实践是会直接作用于软件交付物的，是敏捷开发能够真正发挥效果的基础，是高楼的地基。这些工程技术实践在日常的敏捷交流中并不耀眼，甚至不会显现，但是，对于一个敏捷团队实现"快速的、高质量的软件交付"是非常关键和根本的。

具体来说，包括单元测试、持续集成、版本控制、特性开关等。这些具体实践在本书的前文中都有提到。在这些基础的工程实践上扎扎实实地下真功夫，追求技术工艺的卓越表现，是敏捷转型过程中必须经过的关卡，没有捷径可以走。

以敏捷中最常见的持续集成为例。在持续集成实施过程中，最容易的是用工具并让自动构建跑起来，也就是常见的安装并使用Jenkins。而真正的持续集成，首先要有单元测试，连单元测试都没有的Jenkins，应该叫持续构建，不能称为持续集成，所以，首先要让团队养成在开发过程中编写单元测试的习惯，要做到这一点并不容易，所以说，技术卓越要下真功夫才行。在此基础上，持续集成要做到如下三点，才能称为真正的持续集成：

- 团队中的软件开发人员每天至少提交一次代码。
- 代码提交后即触发构建和所有相关单元测试（和其他自动化测试）案例的执行，并且，这些自动化测试案例运行预期应该是成功的。
- 如果运行失败，团队会马上进行修复。好的团队可以做到持续集成失败不过夜，也就是常说的"仪表盘变红不下班"。当然，做到这一点并不容易，不是管理者一声令下就能"真正"做到的。

以其中的每一次单元测试运行后都预期成功这一点为例，首先这对编写单元测试的开发人员的技能有一定的要求，有的开发人员编写的单元测试，严重依赖于运行数据或运行环境，经常会出现莫名的案例失败；有的开发人员编写的单元测试，运行一次需要十几分钟甚至半小时以上。这都是不能满足敏捷实施的技术实践要求的。在敏捷转型推广的过程中，打造追求技术卓越的团队文化非常重要。具体来说，不妨以单元测试为切入点，可以通过相应的单元测试工作坊，有针对性地对相关技能进行培训，也可以在日常工作中鼓励开发人员进行技术分享和交流。

总的来说，敏捷开发要以开发团队的技术卓越为基石。而要做到技术卓越，需要从两个方面着手。一方面，从个体上，要认识到持续不断的学习对于自身的成长和组织的发展都是非常重要的；另一方面，从组织的角度，要为员工的学习和成长提供培训、工具和平台环境。

10.4 持续改进

敏捷转型是一个旅程，没有终点，只有持续不断的进步，所以，组织在打造敏捷文化的过程中最重要的就是打造一种持续改进的文化。其实，在企业管理中关于持续改进的理论和方法也非常多，最常见的有著名的戴明环，即计划—执行—检查—行动（Plan—Do—Check—Act），以及精益中的改善。要在组织中真正应用好这些持续改进的方法，需要企业文化的配合，具体来说包含三个方面的内容：

- 要有看见真实的勇气。
- 要构建可以安全地失败的环境。
- 要打造主动自我反思的学习型组织。

10.4.1 看见真实的勇气

要在组织中做到真正的持续改进，首先要能够看见真实，而真实往往并不那么赏心悦目，甚至可能是破烂不堪的。要想看到真实需要一点正视现实的勇气。这并不容易做到，否则就不会有罗曼·罗兰那句名言："世界上只有一种真正的英雄主义，就是认清了生活的真相后还依然热爱它。"

看见真实，不仅仅需要勇气，还需要在工作中能够时刻保持警醒。在敏捷推广中就有这样一个故事：在推行单元测试覆盖率指标之后，团队中的单元测试覆盖率在短时间内有了很大的提升。当时的管理者甚至有点沾沾自喜于自己团队的执行力。但是，一次与外部咨询师的交谈触发了管理者的警醒，通过深入查看单元测试的实际案例和代码，他看到了很多低质量的、敷衍的单元测试代码。这样的真实足以让一名在 X 理论假设下的管理者大发雷霆，进而采取严厉的处理措施。但是，这并不是一种很好的处理看见的真实情况的做法。看见真实之后，要着重构建让组织和成员可以安全地失败和犯错误的环境。

10.4.2 构建可以安全地失败的环境

一堆低质量的、敷衍的单元测试代码，会让单元测试覆盖率指标上升，但是，并不会给产品系统带来真正内建质量上的提升，也无法提供所谓的内建质量安全网。发生这种事情，在最开始推广单元测试，并且建立相关的度量指标时，是非常正常的，特别是如果将单元测试覆盖率指标与绩效或者类似有绩效作用的事件联系在一起的时候。

发生此类的事件并不可怕，这仅仅是一些来自真实世界的反馈而已。最重要的是要构建一个包容和无指责的对话环境。这样才能找到事件发生的深层次原因，进而找到有效的改进措施，持续改进。

构建可以安全地失败的环境，仅仅依靠包容和无指责是不够的。作为商业银行，对于风险和失败的厌恶是深深地刻画在组织文化的基因里的。而在适应快速变化的外部环境的过程中，从犯错和失败中学习，又是不可避免的。这就要求商业银行要构建"安全地失败"的实验型尝试策略。构建这种尝试策略的关键在于变"小"，包括把目标变小，即把一个大目标变成分开的几个小目标；把步骤变小，把一个大的步骤变成分开的几个小的步骤；把范围变小，即把适用的初始范围变小。在敏捷实践中常说："变小是一种能力。"而只有变小，才能够让失败真正地安全起来。

10.4.3 打造主动自我反思的学习型组织

敏捷文化对反思和回顾非常重视。在《敏捷宣言》的十二原则中，最后一条就是：团队定期反思如何提高成效，并依此调整自身的举止表现。在当前最流行的敏捷框架 Scrum 中的五大仪式活动中，最后有一个迭代回顾会，就是从实践和方法层面对这一敏捷原则的最佳回应。所谓迭代回顾会，就是通过敏捷团队每个迭代结束后的定期集体反思，来决定下一个迭代的改进措施。

在组织级敏捷转型的时候，应该重视这种反思型文化的建立。此时的反思已经超越了具体的一个一个的敏捷团队，更多的是应该发生在各个不同的管理群体中。在一个具体的敏捷团队中召开一个卓有成效的回顾会已经不容易，在管理群体中进行有效的反思和回顾则会更加困难，在进行此类反思和回顾的时候，应该特别注重三点：第一点，要注意相关干系人的完整参与，否则，回顾会很难有完整的事实基础，并且很容易演变成"缺席审判"；第二点，要注意构建安全地反思的回顾氛围，这一点敏捷回顾会中有具体做法来保证，比如，在回顾会上进行安全感调查，朗读回顾会无指责宣言等；第三点，要有一名有经验的引导者，引导会议一直在正确健康的方向上，防止将回顾会变成吐槽大会或者社交会议（Social Meeting）。

10.5 文化的转变

对于一家要进行 IT 敏捷转型的企业来说，了解敏捷文化，了解企业文化，并在 IT 转型的过程中处理好敏捷文化与自身企业文化的融合，对 IT 敏捷转型的成功是非常关键的。而对于一家有一定规模的企业，特别是一家有一定历史的商业银行来说，文化的转变从来都不是容易的事。就像埃德加·沙因所说，"在企业发展的中期，解读并让人们更好地认识企业文化变得更加困难，因为此时文化已经完全渗透到了企业的日常工作和生活中。在这个时候提高文化意识甚至可能会引发效率下行，除非企业需要应对外部危机或者解决特别的难题。管理者会认为讨论文化问题是一件枯燥和无关紧要的事情，对于那些各方面都已经发展得相当完善的大企业尤其如此"。

埃德加·沙因认为："经理人应该首先将重心放在应对业务挑战上，而不是为了文化变革而变革。"要进行敏捷转型，要将敏捷文化与商业银行自身的企业文化融合，转型的推动者特别需要注意的一点就是：需要以业务挑战，带动文化转变。

文化转变在组织中永远是重要而不紧急的事情，并且，文化转变的成效往往在短时间内很难显现出来。而业务挑战却往往重要、紧急而且明确。识别业务挑战中的文化因素，辨别出阻碍业务发展的深层文化假设，结合敏捷文化中有利于组织应对当前业务挑战的文化要点，进行一些行为规范和潜藏的默认规则的改变，当业务挑战被成功应对，相应的新引入的行为规范、规则和工作假设也就在组织的群体中被强化和传播，而此时文化的转变也就在潜移默化中完成了。

第 11 章

敏捷转型案例分享

11.1 案例背景

在互联网等信息技术的推动下,电商、互联网企业和金融企业的界限越来越模糊,如阿里巴巴、腾讯、京东、苏宁等企业纷纷进入金融行业,给用户群提供类授信业务、支付业务等金融服务。依托其技术优势,互联网企业在发现用户需求的时候,能够迅速调整自身 IT 系统,能够在几周甚至几天内适应业务变化,给用户带来了很好的体验。而同期,银行 IT 系统的调整时间平均在几个月以上。此外,银行除了盈利,还承担着维护金融系统稳定的社会责任。传统银行为了保证质量,都会通过严格的过程管理和多轮测试避免软件错误的发生。

某国有大型商业银行于 2003 年开始着手一项全辖逻辑集中的基础项目建设,2007 年开始具体的实施和客户化工作,2011 年实现了全行数据的逻辑集中。经过咨询和实践探索,该项目采用了多项目并行实施的方法,每个项目按照瀑布模型开发,以批次为单位组织测试和投产。该项目完成后,该行一直坚持这种方法,每年固定几个投产批次,各项目统一开发、测试和投产时间计划,批次间隔一般为一到两个月不等。在传统银行开发领域,作为继承国内基础项目建设的一项宝贵资产,该行的批次管理经过多年探索,从年度批次计划制订、产能规划与跟踪,到任务安排与监控、效率度量与应用;从排期、开发、测试,到演练、投产和稳定期,该行内部都形成了一套科学有效的工作方法。为了更好地支持业务发展,近年来该行开始推进 IT 敏捷转型。

11.2 转型成果

11.2.1 敏捷模式创新

该行软件中心根据自身业务和科技的特点，总结出了三类敏捷模式，分别为开发敏捷、全流程敏捷和端到端敏捷，每类敏捷模式都有其特点。

开发敏捷：产品在开发阶段进行敏捷迭代，具体为分析设计、开发、内部测试阶段采用迭代方式，迭代结束后仍需按批次要求进行功能测试。开发敏捷的特点为反馈快。图 11-1 展示了开发敏捷的流程。

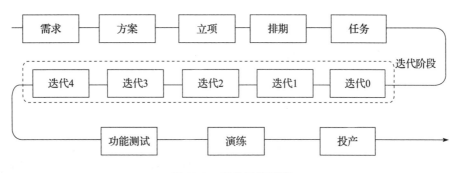

图 11-1　开发敏捷流程

全流程敏捷：产品在迭代内完成所有测试、在迭代结束后提交正式版本。全流程敏捷的特点是交付快。图 11-2 展示了全流程敏捷的流程。

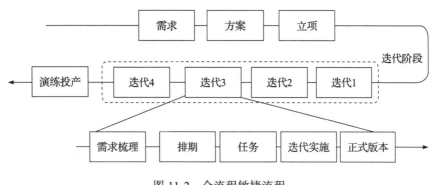

图 11-2　全流程敏捷流程

端到端敏捷：需求随到随开发，版本随到随投产。端到端敏捷的特点是上线快。图11-3展示了端到端敏捷的流程。

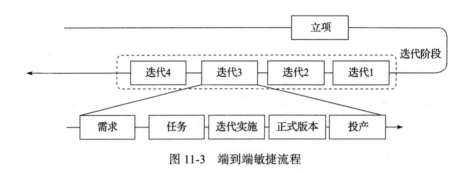

图11-3　端到端敏捷流程

对于核心类业务，由于业务需求较明确，且要求风险可控，多采用批次开发的方式；对于网络金融类新兴业务，由于市场引导，要求快速交付，多采用敏捷开发的方式。商业银行可对开发模式进行分类以响应业务需求，建立与业务发展相匹配的响应能力。图11-4展示了多种开发方式。

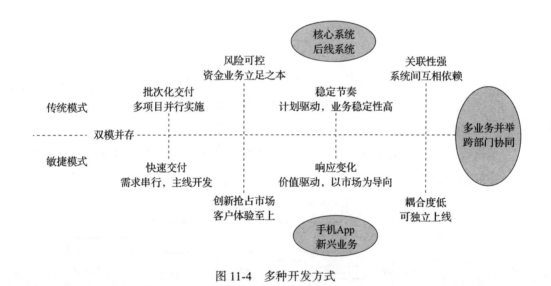

图11-4　多种开发方式

11.2.2　试点产品情况

以某银行的一个试点产品为例，作为第一个全流程敏捷试点产品，产品开发始终采用Scrum框架，并率先尝试使用全流程敏捷的开发工艺。通过小步快跑，按照全流程敏捷实施，投产交付周期大幅缩短，快速交付成效初显。

1. 识别高价值需求，管理产品待办列表

随着该产品推广的逐步开展，源源不断地收到来自各分行及外部机构的合作需求。在这个过程中，该产品 PO 深入学习 WSJF 等价值分析方法，走访一线人员，将每一份需求拆分成一个个可独立投产的最小单元，纳入产品待办列表进行管理，并将其中最高价值的部分输送给团队，形成 MVP，确保每轮迭代都能交付最具价值的产品内容。这是该产品抓住随时可能出现的市场机遇、快速响应用户需求的第一步，也是关键一步，是团队应用敏捷开发工艺能够收获高业务价值的前提与保障。

2. 技术解耦的成功探索，实现主线开发

该产品在技术解耦的方法上，主要采用了特性开关（发布开关）的实践方案，使用特性开关向用户隐藏未发布的特性，有效降低了第三方环境（银联）不稳定和联调进度慢带来的风险，支持主干开发，减少追平浪费，同步完成其他高价值、高优先级需求的快速交付。

3. 持续集成成效显著，CI 文化深入人心

为减少人力重复劳动，又能与生产上的部署方式保持一致，保证版本的正确性和测试的有效性，该产品团队独立实现了一套增量部署的定制方案，用于该产品的编译、打包、增量部署的全流程自动化。一键部署在大幅提升效率的同时，有效避免了人为失误，为迭代内容快速交付提供了保障。当前，该行自动化部署系统已经在功能测试环境和生产环境上得到应用，该产品也已完成由"定制方案"向"统一平台"的平滑过渡。团队物理仪表盘的搭建和 CI 值日生制度，让持续集成深入人心。

4. 尝试分层测试，构建高效质量保障体系

经过开发人员与测试人员的共同努力，单元测试案例与功能测试案例在持续集成环境中每五分钟进行一次构建，时刻运行并保持案例通过，构建了一张产品质量的安全网，同时，将功能测试纳入迭代，主动探索实例化的案例编写方法，手工测试与自动化测试相结合，完成多项测试任务。现在，该产品团队已将迭代内用户故事的自动化测试常态化，观念深入人心，流程也逐渐顺畅。

5. 无独立的功能测试阶段，迭代交付可投产版本

将功能测试纳入迭代，从测试经理、测试实施的人员角色，到测试案例编写、案例执行的测试活动，全部纳入迭代，开发人员与测试人员的沟通更充分；测试人员从用户的角度参与功能实现过程，参与需求讨论，及时与 PO 和开发人员沟通测试策略，提高案例质量，使产品功能更贴近用户需要；通过测试案例走查、故事 Sign Off（开发人员完成故事后向测试人员提出故事交接的仪式）和分步验收（PO 对迭代中完成的故事进行分批次验收，以应对迭代评审会时间过长的问题，为开发人员提供快速反馈）等手段，使迭代内的交付物达到可投产的质量要求，完成测试后可直接出具正式版本。

11.2.3　进一步的敏捷产品建设

为全面贯彻落实国家战略，该行后续研发产品，通过信息共享、发挥主办单位金融优势、整合各参与方服务、优化现有流程、线上沟通、大数据应用与商业智能、宣传媒介等手段，提供匹配对接服务。产品从成立时即开发采用 Scrum 框架，并使用全流程敏捷的开发工艺，实现业务价值的快速交付。在产品建设的三年间，在全流程敏捷实施工艺上积累了丰富的经验。

1. 与业务部门紧密合作，持续的用户场景建设

该团队在产品建设过程中，得到了业务部门的大力支持，使业务人员积极参与到需求的前期分析中来，与 PO 定期面对面沟通需求，进行用户场景分析活动。基于系统的特点，PO、开发人员、测试人员多次和业务人员一起亲临活动现场给予支持，在现场与业务人员一起开展用户调研，获取一线客户的诉求。基于新的业务需求，产品开发人员使用快速启动实践方法，与业务人员共同设计符合客户真实需要的产品功能，快速细化需求，提升产品的客户体验，更好地服务客户。基于快速启动方法，明确产品愿景，梳理典型用户画像、用户场景和用户体验地图，进一步提取出产品的功能设计和 MVP 输入给团队，让系统的设计和实现更贴近业务的需求，切实解决业务的痛点，得到业务部门的良好反馈。

2. 跨团队协同，单产品多团队的 SoS 运作

该产品在需求的快速增长时期，开发团队在短时间内从一个扩张到四个，开发测试人员增长数倍。在实施过程中，逐渐形成一套跨团队协作的策略，保证多团队间沟通无障碍、迭代内协作顺畅。在需求拆分阶段，团队技术骨干与 PO 共

同讨论不同团队间的任务拆分，在保证业务完整性的前提下，考虑功能实施继承性及技术关联关系，尽量规避迭代中各团队间技术强耦合、任务分配不均的情况。PO 建立产品级的需求全景图，并维护整个产品的物理需求看板，在每次迭代发布后定期更新。可视化的需求看板既帮助开发人员了解产品的整体需求全景，又能让 PO 掌握迭代实施进度，帮助各团队实现交付对齐。在迭代实施阶段，建立产品 PO 间日程沟通机制——"PO 碰一碰"（POP），在 PB 前走查故事补充细节、提前发现依赖关系，计划会后同步实施进展；建立团队间日常沟通机制——"开发碰一碰"（TOT），在计划会后识别迭代风险、各队依赖。充分发挥敏捷回顾的检视和反馈作用，该团队除了做好每个分团队的迭代回顾，还根据产品特点，定期开展产品级回顾会、活动总结回顾会、压测接口测试专题回顾会等，帮助团队实现持续改进。

3. 分层自动化测试保障，打造从代码提交到部署的自动化流水线

单元测试代码覆盖率保持在 60% 以上，每次构建下降超过 1%，仪表盘变红。单元测试成功率保持 100%，每次构建如果有单元测试失败，仪表盘变红。通过仪表盘的可视化结果，为开发人员提供实时参考，让每一次代码提交都不会越过质量的红线。迭代过程中，开发人员和测试人员积极配合，故事开发前的 Kick Off（开卡）阶段，开发和测试人员共同设计接口标准，之后开发人员编写程序，测试人员编写接口测试案例，故事交付时保证所有接口测试的案例都测试通过。基于接口的自动化测试案例，相较于依赖前端页面的功能测试案例，维护成本更低，执行效率更高，促进了开发和测试的融合，提高了故事交付质量，在一定程度上减轻了端到端的测试工作量。从开发提交代码触发构建，经过静态代码检查、单元测试、接口测试、自动化测试到代码部署到测试环境中进行测试验证，自动化的 CI 构建部署流水线每天实时运行，开发完成的故事可以立即在功能测试环境运行并完成测试，为迭代快速交付提供有力保障。

11.3 转型历程

在敏捷转型实施策略上，基于"以点带面、风险可控"的原则，该行软件中心总结出了一套敏捷转型实施策略，即以试点产品作为尖刀班，先行先试，总结新工艺改进的技术和管理方法；试点部门作为先锋营，基于尖刀班的试点成果进一步巩

固技术能力和管理方法；中心所有部门作为敏捷转型大部队，尝试敏捷先进实践，提高开发效率，为后续的转型奠定基础。

11.3.1 敏捷基础的导入

首先进行基础知识的导入，针对不同层级的人员，定制了不同维度的培训：

- 面向中心管理层，组织敏捷前瞻性研究讲座和精益企业相关的培训，重点关注企业级转型和文化建设方面。
- 面向部门管理者，组织敏捷管理方法论的相关培训，重点关注提升效率、提高质量以及打造高响应力。
- 面向普通员工，组织敏捷基础知识培训、技术实践操练等，重点关注技能的提升和实践的运用。

11.3.2 试点产品的探索

基础知识导入完成后，进入实践阶段。软件中心通过试点项目和产品，探索敏捷快速交付的流程；通过引入外部咨询项目，推进中心整体敏捷转型。

第一步，通过外部咨询搭建敏捷实施的架构，初步实施敏捷技术实践。

第二步，在内部打造 PO 组织的运作机制，有效地与业务部门合作，为团队提供稳定的输入和沟通；进一步巩固 Scrum 流程的运行效果，让团队持续发现问题并进行自我改进；基于 CI 持续集成工艺和文化，规范收集项目数据，打造符合中心特点的 CI 驱动仪表盘；转变测试理念，解决测试工作的阻碍，培养团队在迭代内完成测试的能力。

第三步，梳理端到端流程框架，解决试点中遇到的问题，梳理技术管理工作要点，提高管理和技术能力；继续巩固与提升敏捷方法的应用，建立分层看板，完善需求价值分析模型，启动内部 Scrum Master 社区建设等。目前，端到端敏捷的框架已初步建立起来，从产品开发最开始的需求挖掘、产品设计，一直到迭代管理实践、技术实践，最后到持续集成、持续发布等环节，都进行了不同程度的尝试，试点团队的能力得到了大幅提升。

11.3.3 管理体系的落地

敏捷开发体系的探索遵循了转型实施策略，通过一系列的工作流程，形成了基于软件中心现有管理体系的敏捷开发体系。整个工作过程如下：

- 参与项目：技术管理部门参加敏捷产品的重要仪式，并跟进和解决试点产品遇到的管理流程问题。
- 整体流程：根据现行的指南文件和运行情况，梳理敏捷项目的整体流程图。
- 拆解领域：从分项目管理和产品管理两个维度对整体流程进行技术管理领域拆解。
- 咨询：请咨询师就业界的敏捷管理情况进行讲解，并对中心相关技术领域的管理要点给出建议。
- 访谈：对项目经理和 Scrum Master 进行访谈，就当前现状进行深入调研。
- 讨论：技术管理部门、实施部门按照技术管理领域就管理要点进行讨论，达成一致意见。
- 对标：就管理要点可能涉及的外部审计进行对标。
- 形成方案：技术管理部门分条线形成方案初稿。
- 确认：实施部门就方案初稿进行确认。
- 征求意见及现场宣讲：在中心范围内征求意见并组织现场宣讲，保证各技术管理部门及实施部门理解方案内容。
- 体系落地：各技术管理部门就方案内容进行体系文件落地工作，新增及修订相关内容。

经过上述的工作过程，敏捷专题工作组形成了整体的敏捷项目流程。

图 11-5 展示了一个敏捷项目流程。

11.3.4 实施范围的扩大与成效提升

随着敏捷试点项目的成功和管理体系的落地，敏捷转型进入推广期，实施范围不断扩大，规模化敏捷实施随之启动。敏捷开发已经初具规模，采用敏捷开发方式的产品数量大幅跃升，通过引入业界先进的管理和技术实践，在效率提升方面，全流程敏捷任务的交付周期较传统瀑布任务的交付周期缩短了近 40%。在产品质量方面，使用敏捷开发的产品测试迁移效果明显，生产缺陷率仅为传统瀑布的 1/3。

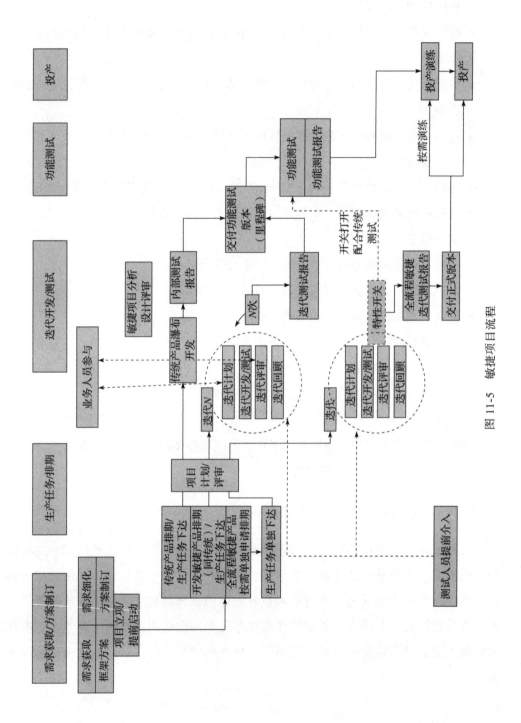

图 11-5 敏捷项目流程

11.4 经验分享

作为国有大型银行的 IT 实施部门,在规模化组织中实施敏捷转型的难度极大。转型伊始,该行软件中心就本着"互联网金融作为试点产品先行先试,传统产品引用敏捷实践提高效率"的原则,一纵一横做发展规划。在试点产品的实践中,通过小范围的尖刀产品尝试技术实践和突破管理流程,为后续敏捷转型大部队奠定有力的基础,同时,试点产品采取"先内后外逐步拓展,先变革后管理"的方法,先通过知识导入和工艺改进等提升内部敏捷实施能力,再逐步向前向后延伸,在端到端快速交付方面进行拓展,实现业务敏捷;先给予试点产品充分的试点实践权力,突破现有传统流程和管理方法,保证敏捷的流畅运行,待趋于稳定时再逐步配套实施管理,形成适用于软件中心的敏捷管理体系。

11.4.1 管理层的支持是核心推动力

敏捷转型的重点在于思维的转变,尤其在互联网应用方面,更需要转化思维概念,以产品为中心视角来开展设计、开发和运营工作。而以产品为中心的工作方法需要打造高响应力的组织。软件中心的管理层深刻理解互联网金融发展的趋势及互联网应用的特点,并且敏锐地觉察出敏捷带来的变革和优势,在金融 IT 领域率先提出使用敏捷开发方法。在敏捷转型的过程中,并没有一味地搞运动,搞全民敏捷,而是先在局部进行试点,允许试点团队进行试错,最终达到以点带面的效果,同时,管理层也积极组织与外界的交流,包括同业间的交流,与互联网先进企业的交流等。管理层坚定的信心以及强力的支持,使得敏捷转型的大船具备了核心推动力,持续不断地向前迈进。

11.4.2 优化组织结构,促进测试融合

测试,是保证软件质量的重要手段。在金融领域,软件质量更是重中之重。在传统开发领域,软件中心的开发和测试工作分别由不同的部门承担。而在敏捷开发模式下,对团队要求是跨领域、全功能,要求测试人员在开发阶段就提前介入,并且在迭代内完成测试。

敏捷导入伊始,软件中心意识到在迭代内完成测试是一项非常重要的工作,需要从管理上、技术上进行突破。开发、测试的融合,首先要做的就是物理融合,Scrum 团队成员的工位搬到一起,迭代计划会、站会、评审会以及回顾会等仪式全

部参加。其次，测试人员对用户故事提前进行分析，开发的同时进行测试分析，故事完成开发即可开始测试，这样可以加速反馈，提高效率。再次，开发人员和测试人员作为团队成员进行自组织管理，Scrum Master 负责对整体流程的把控。看似简单的组织架构优化，对迭代的成功起着决定性的作用。

11.4.3 突破已有流程，专注响应力提升

对于大型企业来讲，开发工艺的改变必然会带来流程方面的冲击，如果不对现有的流程进行突破，那么转型将举步维艰。作为敏捷转型的尖刀班，试点产品团队在实施端到端全流程敏捷伊始，就制定了"快速交付业务价值"的愿景，并提出"两周一次交付投产"的清晰目标，秉承"管理和流程轻量化"的原则，实施敏捷实践。在开发、测试以及项目管理方面均突破了现有流程，包括主线开发、需求串行，生产任务按需申请、迭代完成即交付、技术投产解决解耦问题等。

图 11-6 展示了试点产品愿景图。

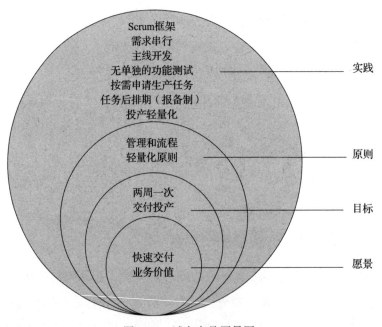

图 11-6　试点产品愿景图

敏捷专注于快速交付，具体到实施层面则是为了提升响应力。流程是为产品服务的，如果现有的流程阻碍了产品的发展，那么就要突破，形成新的流程。这也是敏捷转型必须跨越的一道鸿沟。

11.4.4 提升人员能力，追求技术卓越

人员技能是硬实力，当组织级敏捷转型进行到一定程度时，人员技能的短板就会凸显出来。无论是持续集成的成熟度还是个人的技术水平，都会成为敏捷进一步推进的阻碍。在测试前移、聚焦价值以及流程突破后，也碰到了人员技能的短板，如由于技术原因导致迭代不能如期完成，频繁地进行架构调整和代码重构等。面对一线的问题，引入了面向对象训练营、代码道场、Code Review 等技术实践，通过实战提升开发人员的硬技能，同时，也导入了演进式架构和微服务的思想。个人能力的提升就是组织的提升，而在自组织、全功能的敏捷团队中，更要避免短板效应。

附录

威胁建模

威胁建模是一个结构化的思考框架，它能帮助开发团队更早地发现系统产品中可能会面临的安全威胁，有助于团队更好地理解安全需求，设计和开发出具有更高安全质量的应用。

通常而言，威胁建模的核心步骤如下：

第一步，画出应用的数据流图，该图反映出数据是如何在系统产品中流动的。

第二步，结合业务流程，针对图中的元素运用 STRIDE 模型进行威胁识别，得到一份威胁列表。

第三步，针对威胁列表中的项目，运用 DREAD 模型或者"潜在损失－发生概率"二维象限法对其进行优先级评估排序。

第四步，针对经过了优先级评估排序的威胁项目，制定相应的应对策略或者技术解决方案。

第五步，将上述威胁列表中的项目转化为用户故事的形式，创建相应的安全任务卡并加入产品迭代 Backlog 中。

下面将对以上步骤做进一步的说明。

1. 制作数据流图

画出数据在系统架构中如何流动是进行威胁建模必不可少的一步。可以使用威胁建模所建议的画图元素，并结合系统技术架构设计概要来画。

威胁建模推荐使用的画图元素及其说明，如表 1 所示。

表 1 画图元素

元素	说明
外部实体	用矩形来表示应用的外部实体,例如 Web 端用户
过程	用圆形来表示应用中的处理过程,例如某个微服务
数据存储	用两条横线来表示应用中的数据存储,例如数据库
←——→	用带箭头的线条来表示数据的流向
信任边界	用虚线来分隔不同的信任域,例如外网和内网的分隔

需要注意的是,威胁建模中的数据流图并没有严格的格式和流程要求,在画图过程中,无论是否使用表 1 介绍的几个画图元素,最关键的是要表示出数据在整个系统中的流向。一个数据流图示例,如图 1 所示。

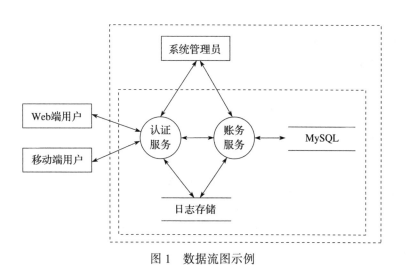

图 1 数据流图示例

要想一步到位画出粒度适中的数据流图非常困难,建议可以采用"自上而下"(Top-Down)的方式,即先画出抽象度较高的数据流图(见图 1),然后将这个图中的元素逐步细化,添加更多的细节,最后得出类似于图 2 那样的图。

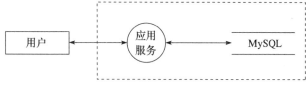

图 2 抽象度较高的数据流图

画数据流图的时候，最后一件需要做的事情是对其进行完整性检查。数据流图并无神秘可言，所谓验证其完整性，就是看其是否客观真实地反映了数据在整个系统中的流向。

2. 使用 STRIDE 模型进行威胁识别

在画出数据流图后，接下来要进行的就是识别潜在威胁。识别威胁的方式方法有很多，最简单的做法是采用头脑风暴的方式去尽可能地挖掘出威胁，当然也可以参考一些成熟的模型，例如 STRIDE 模型。

STRIDE 是六个单词的首字母缩写，代表六个不同的维度，它不是威胁的分类，而是辅助开发团队进行思考的工具：

- 假冒（Spoofing）。
- 篡改（Tampering）。
- 否认（Repudiation）。
- 信息泄露（Information Disclosure）。
- 拒绝服务（Denial of Service）。
- 提升权限（Elevation of Privilege）。

使用 STRIDE 模型进行威胁识别的时候，经常使用的是基于元素的威胁识别方式，这会使用如表 2 所示的表格。

表 2 元素威胁识别矩阵

元素	S	T	R	I	D	E
外部实体	x		x			
过程	x	x	x	x	x	x
数据流		x		x	x	
数据存储		x		x	x	

其中的标记符号"x"是指某个元素在 STRIDE 当中的某个维度通常存在潜在威胁。例如，对于外部实体而言，通常是在假冒和否认这两个维度存在威胁，而对于过程而言，通常是在六个维度全部存在潜在威胁。

进行建模的步骤如下：

第一步，从数据流图中选择一个元素，根据元素类型在表 2 中进行对比，找出对应的威胁维度。以数据流为例，从表 2 中找到的维度分别是篡改、信息泄露和拒绝服务。

第二步，对于第一步找出的维度，选择其中一个进行分析或者进行启发式思考。例如篡改，如果数据会在公网上进行传输，那么攻击者可能会截取到通信数据，从而以中间人攻击的方式悄悄修改传输中的数据并造成破坏。

第三步，在分析完一个维度后，选择另一个维度进行分析，直到把第一步中找到的维度全部分析完毕。

第四步，从数据流图中选择下一个元素，然后重复执行第一步，直到对数据流图中的所有元素均进行了威胁分析。

最后，需要注意的是，在威胁识别和分析过程中，可以先大胆假设应用中可能出现的威胁或者问题，并且将其记录下来。

3. 使用 DREAD 模型进行风险评估

经过威胁识别之后，应该会得到一系列的威胁。这些威胁具有各自的危险等级，开发团队需要通过某种方式对其进行优先级排序，而 DREAD 就是其中一种方式。

DREAD 是五个单词的首字母缩写，分别是：

- 破坏潜力（Damage）。
- 再现性（Reproducibility）。
- 可利用性（Exploitability）。
- 受影响的用户（Affected Users）。
- 可发现性（Discoverability）。

通过 DREAD 进行分析的过程中会使用表 3 这样的表格。

表 3　DREAD 评分表

元素	高 / 容易	中 / 一般	低 / 困难
破坏潜力	3	2	1
再现性	3	2	1
可利用性	3	2	1
受影响的用户	3	2	1
可发现性	3	2	1

使用 DREAD 对威胁进行风险评估的步骤如下：

第一步，从威胁列表中选择一个威胁，然后结合表 3 的内容，从五个维度入手对这个威胁进行打分。例如，某个威胁的 DREAD 得分分别是：D（3）；R（1）；E（2）；A（2）；D（3）。

第二步，将第一步的几个分数加起来得到一个总分，例如，3 + 1 + 2 + 2 + 3 = 11 分。

第三步，第二步的总分会落到 15 ～ 12、11 ～ 8、7 ～ 5 这三个区间之一，其对应的风险等级分别是高危、中危、低危。例如，第二步的总分是 11 分，那么落在了 11 ～ 8 这个区间，属于中危级别的威胁。

第四步，从威胁列表中选择下一个威胁，并重复执行第一步，直到所有威胁均已完成评估。

第五步，根据每个威胁的风险评估等级，将威胁进行排序，得到一份经过优先级排序后的威胁列表。

4. 使用"潜在损失 – 发生概率"二维象限法进行风险排序

DREAD 是对威胁进行风险等级评估的方式之一，另一种相对而言更加简便的方式是使用"潜在损失 – 发生概率"二维象限法。这种方式只从两个维度对威胁进行评估，即如果这个威胁真的发生了，那么它将造成多大的损失？与此同时，威胁发生的概率有多高？

通过"潜在损失 – 发生概率"二维象限法进行威胁风险评估的时候，会使用到图 3。

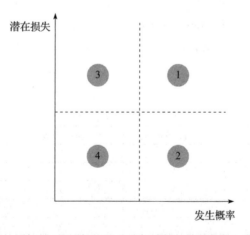

图 3 "潜在损失 – 发生概率"二维象限

使用"潜在损失 – 发生概率"二维象限法进行威胁风险评估的步骤如下：

第一步，从识别的一系列威胁当中，任意选择一个，然后放入图 4 中。由于此时是放入第一个威胁，没有其他的威胁进行对比，因此不用太过在意这个威胁被放在图中 1、2、3、4 的具体哪个区域。

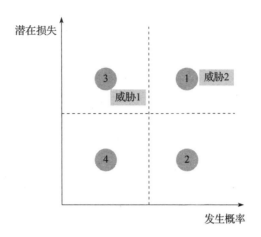

图 4　放入两个威胁后的"潜在损失 – 发生概率"二维象限

第二步，从识别的一系列威胁当中，任意选择第二个，然后放入图 4 中，并且将第二个威胁和第一个威胁从两个维度进行对比：哪一个发生概率高？高的往右边放，低的往左边放；哪一个造成的损失更严重？高的往上面放，低的往下面放。如此便能在图中表现出这两个威胁之间的相对位置和关系，如图 4 所示。

第三步，从识别的一系列威胁当中，任意选择第三个，用上述第二步的方式，将其放入二维象限图中。继续选择第四个威胁，用同样的方式放入图中，然后选择和放入第五个、第六个等，直到把所有的威胁都放入二维象限图中。

第四步，最终，就能得到一个威胁分布图，该图能够表明各个威胁之间的相对关系。通常，最右上角的区域是应当最优先进行考虑的威胁，最左下角的区域一般最后考虑，而对于左上角和右下角两个区域中的威胁，开发团队可以根据实际情况进行选择，通常建议先处理右下角的威胁，即虽然造成的损失不大，但是发生概率却很高的威胁。

5. 创建安全任务卡

通过威胁建模后，开发团队能够得到一个列表，这个列表里详细列出了系统产品面临的威胁，以及威胁的应对策略和技术解决方案，并且，列表中的威胁还有对应的风险等级，是经过了优先级排序的威胁列表。

这样一份列表已经是足具价值的产出物了，它能指导开发团队应该对哪些潜在安全问题做出应对，以及应当以什么样的先后顺序来处理这些问题。与此同时，对于敏捷开发团队而言，还可以将这份威胁列表中的项目转化成迭代中的任务卡，并将其加入 Backlog 中进行工作量评估和排期实施。

在将威胁转化为迭代中的任务卡的时候，通常可以按照表 4 来进行。

表 4　安全任务卡包含的核心元素

元素	说明
标题	对于威胁的一句话描述
类型	安全任务卡
风险等级	高危 / 中危 / 低危
工作量估算	和用户故事点估算采用相同的方式，来表明工作量大小
细节描述	对于威胁的细节说明
技术应对方案	对于应对这个威胁的技术应对方案的说明

参考文献

[1] COHN M. Four Attributes of the Ideal Pilot Project［EB/OL］.（2009-11-16）［2021-04-15］. https://www.mountaingoatsoftware.com.

[2] 王晓丽. 4家银行数字化转型的秘诀［EB/OL］.（2018-08-27）［2021-07-26］. https://www.weiyangx.com/299539.html.

[3] 沃麦克, 琼斯. 精益思想［M］. 沈希瑾, 张文杰, 李京生, 译. 北京：机械工业出版社, 2015.

[4] 乔梁. 持续交付2.0：业务引领的DevOps精要［M］. 北京：人民邮电出版社, 2019.

[5] 肖然. 银行IT的敏捷转身［EB/OL］.（2018-02-07）［2020-09-28］. https://insights.thoughtworks.cn/bank-and-agile.

[6] Scrum.org. Professional Scrum Certified Count［Z/OL］.（2021-12-01）［2021-12-12］. https://www.scrum.org/professional-scrum-certifications/count.

[7] 何勉. 精益产品开发：原则、方法与实施［M］. 北京：清华大学出版社, 2017.

[8] YCII. Docker与虚拟机性能比较［EB/OL］.（2016-08-22）［2020-10-12］. https://blog.csdn.net/yczz/article/details/52281247.

[9] 大野耐一. 丰田生产方式［M］. 谢克俭, 李颖秋, 译. 北京：中国铁道出版社, 2016.

[10] 周蕾. 年报解读 | 两大App给招商银行带来了多少称霸零售业务的底气？［EB/OL］.（2019-03-22）［2021-07-05］. https://www.leiphone.com/category/fintech/qCdY0EmDhqGa4SF1.html.

[11] 敏捷行动派. 你应该知道的敏捷认证指南, 都在这里了！［EB/OL］.（2019-01-11）［2021-03-11］. https://www.jianshu.com/p/552be0994e3e.

[12] 薛倩. 康威定律［EB/OL］.（2019-06-02）［2020-01-11］. https://www.jianshu.com/p/ba2d444c89d2.

[13] 孔兆祥. 洞悉规模化敏捷框架Scrum@Scale、LeSS、SAFe（上篇）［EB/OL］.（2019-01-16）［2021-05-11］. http://www.shinescrum.com/news_and_events/scrum-scale-less-safe.

［14］沙因. 企业文化生存与变革指南［M］. 马红宇，唐汉瑛，等译. 杭州：浙江人民出版社，2017.

［15］毛毛哥 PM. 精益产品需求的要义［EB/OL］.（2017-07-12）[2021-08-05]. https://blog.csdn.net/jjm1437/article/details/75027972.

［16］李智桦. 精益开发与看板方法［M］. 北京：清华大学出版社，2016.

［17］KOTTER J P. Leading Change：Why Transformation Efforts Fail［J］. Harvard Business Review，1995，73（3/4）：59-67.

［18］熊志正. 中国银行 DevOps 实践与探索［J］. 金融电子化，2018（1）.

［19］开文明. 激进式和渐进式改革的评价［J］. 世界经济情况，2007（2）：1-4.

［20］姚丹. 科技引领推动商业银行"数字化转型"［J］. 中国金融电脑，2019（6）：42-43.

［21］张小峰. "自组织"——移动互联时代企业管理方式变革新举措［J］. 中国人力资源开发，2015（8）：15-18.

［22］王立成，郭健枫. 企业服务总线技术在指挥调度系统集成中的应用［J］. 软件产业与工程，2011（6）.

［23］蒙钢. 基于分工理论的组织变革模型研究［D］. 长沙：中南大学，2008.

［24］LEAVITT H J. Managerial Psychology: An Introduction to Individuals，Pairs，and Groups in Organizations［M］. Chicago: University of Chicago Press，1964.

［25］LEWIN K. Field Theory in Social Science［M］. New York: Harper & Row，1951：381-409.

［26］SCHEIN E H. Organizational Culture and Leadership［M］. 2nd ed. San Francisco，CA：Jossey-Bass，1992.

［27］HUMBLE J，MOLESKY J，O'REILLY B. 精益企业：高效能组织如何规模化创新［M］. 姚安峰，韩锴，译. 北京：人民邮电出版社，2016.

［28］PIXTON P，GIBSON P，NICKOLAISEN N. 敏捷文化：如何打造优秀的高效能团队［M］. 方敏，译. 北京：清华大学出版社，2015.

［29］APPELO J. 管理 3.0：培养和提升敏捷领导力［M］. 李忠利，任发科，徐毅，译. 北京：清华大学出版社，2012.

［30］COHN M. Scrum 敏捷软件开发［M］. 廖靖斌，吕梁岳，陈争云，等译. 北京：清华大学出版社，2010.

［31］莱芬韦尔，等. SAFe 4.0 参考指南：精益软件与系统工程的规模化敏捷框架［M］. 李建昊，等译. 北京：机械工业出版社，2017.

［32］格拉德威尔. 异类：不一样的成功启示录［M］. 苗飞，译. 北京：中信出版社，2014.

［33］普雷斯曼. 软件工程：实践者的研究方法［M］. 7 版. 郑人杰，马素霞，等译. 北京：机械工业出版社，2011.

［34］VISSER R，LEO V D．ING 银行访谈：IT 基础设施的敏捷实践［J］．麦肯锡中国银行业 CEO 季刊（2019 年春季刊精简版），2019：162-171．

［35］ROYCE W W．Managing the Development of Large Software Systems: Concepts and Techniques［C］．// ICSE. Proceedings of the 9th international conference on Software Engineering. Washington, D C: IEEE Computer Society Press，1987：328-338．

［36］熊节．敏捷中国史话［M］．北京：人民邮电出版社，2020．

［37］LARMAN C，VODDE B．精益和敏捷开发大型应用指南［M］．孙媛，李剑，译．北京：机械工业出版社，2010．

［38］POPPENDIECK M，POPPENDIECK T．敏捷软件开发工具：精益开发方法［M］．朱崇高，译．北京：清华大学出版社，2004．

［39］DevOps 中国社区．中国第一份 DevOps 年度调查报告重磅发布！［EB/OL］．（2017-12-29）［2021-08-05］．https://cloud.tencent.com/developer/news/15619．

［40］中国通信标准化协会．研发运营一体化（DevOps）能力成熟度模型：YD/T 3763.3-2021［S］．北京：人民邮电出版社，2021．

［41］OOSTERWAL，D P. The Lean Machine: How Harley-Davidson Drove Top-Line Growth and Profitability with Revolutionary Lean Product Development［M］．NewYork：AMACOM，2010．

［42］VERSIONONE.4th Annual State of Agile Survey: 2009［R/OL］．［2021-08-05］．https://info.digital.ai/rs/981-LQX-968/images/SOA4.pdf．

［43］科特．变革［M］．罗立彬，等译．北京：机械工业出版社，2005．

［44］PATTON J．用户故事地图［M］．李涛，向振东，译．北京：清华大学出版社，2016．

［45］BECK K，ANDRES C．解析极限编程——拥抱变化（原书第 2 版）［M］．雷剑文，李应樵，陈振冲，译．北京：机械工业出版社，2011．

［46］CONWAY M E. How Do Committees Invent?［J］．Datamation，1968，14（4）：28-31．

［47］LEWIS J，FOWLER M. Microservices［EB/OL］．（2014-03-25）［2021-08-05］．https://martinfowler.com/articles/microservices.html．

［48］SCHWABER K，SUFHERLAND J．SCRUM 官方权威指南［EB/OL］．［2021-08-05］．https://www.scrumcn.com/agile/scrum_guide.html．

［49］PROJECT MANAGEMENT INSTITUTE．项目管理知识体系指南［M］．6 版．北京：电子工业出版社，2018．

［50］BEEDLE M，BENNEKUM A V，COCKBURN A，等．敏捷软件开发宣言［EB/OL］．［2021-

08-05]. http://agilemanifesto.org/iso/zhchs/manifesto.html.

[51] 邰蒂. 边界：企业机会出现在组织边界被打破的地方［M］. 徐卓，译. 北京：中信出版集团，2019.

[52] 平克. 驱动力［M］. 龚怡屏，译. 杭州：浙江人民出版社，2018.

[53] 古德帕斯丘. 敏捷项目管理：企业级实践与案例［M］. 陈秋萍，译. 北京：电子工业出版社，2012.

[54] 朱兰，戈弗雷. 朱兰质量手册［M］. 焦叔斌，等译. 5版. 北京：中国人民大学出版社，2003.

后　记

在与同行的交流中发现，大多数商业银行的敏捷转型往往是先从其 IT 开发部门开始的，经过多年的孕育和发展，最终传递到其业务部门和运营部门。这主要是由于商业银行中的 IT 开发部门日常主要从事软件开发的相关工作，这让 IT 开发部门中的关键角色会更早、更频繁地接触一些新的软件开发方法和技术实践，如本书中提到的一些敏捷、精益的软件产品开发方法，这使得他们更容易成为整个组织敏捷转型的先行者。同时也应该看到，敏捷转型仅仅停留在 IT 敏捷转型的层次是不够的。敏捷给企业带来的最大的价值，是使整个企业适应数字化时代的不确定性，提升快速适应变化的能力，确保方向大致正确，使组织充满活力。这就要求企业能够借助敏捷转型，形成从业务产品，到产品开发交付，再到产品运维，进而到产品运营的快速反馈闭环。

敏捷转型没有终点，不会一蹴而就，将是一个长期、曲折的发展过程。开发交付和运维监控敏捷之后，是业务级敏捷，即业务规划敏捷和产品运营敏捷。始于 IT 开发部门的敏捷要传递到业务和运营部门，这不仅要求各部门达成共识，还要克服大规模组织的竖井与壁垒。目前来看，商业银行的敏捷转型已经逐渐从战略制定、文化氛围、线上业务、电子渠道等初级阶段，逐步拓展到组织架构、业务渠道、营销模式、风险防控等各个领域。我们相信，IT 敏捷只是打基础的第一步，业务级敏捷才是敏捷银行建设的核心内涵，加快业务级敏捷转型，最终实现银行经营模式的敏捷蜕变，让银行具备强大的生态运营、获客活客、跨界竞争能力，让银行业务完美融入生产、融入生活、融入社会，必将推动我国银行业在新时代高质量发展的新征程上行稳致远。

投资与估值丛书

书号	书名	定价
978-7-111-62862-0	估值:难点、解决方案及相关案例	149.00
978-7-111-57859-8	巴菲特的估值逻辑:20个投资案例深入复盘	59.00
978-7-111-51026-0	估值的艺术:110个解读案例	59.00
978-7-111-62724-1	并购估值:构建和衡量非上市公司价值(原书第3版)	89.00
978-7-111-55204-8	华尔街证券分析:股票分析与公司估值(原书第2版)	79.00
978-7-111-56838-4	无形资产估值:如何发现企业价值洼地	75.00
978-7-111-57253-4	财务报表分析与股票估值	69.00
978-7-111-59270-9	股权估值	99.00
978-7-111-47928-4	估值技术	99.00